李長之和他的朋友們

于天池 李書 著

前言

李長之小傳

　　李長之先生是中國現當代著名的文學批評家、學者、北京師範大學教授。山東人。生於1910年，卒於1978年，享年68歲。

　　長之先生才華橫溢，在小學讀書時即已經在報刊上發表文章。1929年秋入北京大學預科甲部（理學院）學習，主編北京《益世報》「前夜副刊」。1931年入清華大學生物系，1933年轉入哲學系學習，參加《文學季刊》編委會。1934年任《清華週刊》文藝欄主編。1935年主編天津《益世報》文學副刊，因發表《魯迅批判》在文壇上聲譽鵲起。1936年清華大學畢業，任清華大學華僑生蒙藏生導師、京華美術學院美學及西洋美術史教授。1937年任雲南大學教員，講授大一國文、哲學概論、文藝批評。1938年在重慶任中央大學助教，加入中華全國文藝界抗敵協會。1940年任教育部研究員兼中央大學講師，1943年任副教授，與柯柏薰女士結為伉儷。1944年主編《時與潮文藝》「書評副刊」。1945年在重慶北碚編譯館任編審。1946年在南京代理編譯館圖書主任，主編《和平日報》副刊，後由海上至北平，任北京師範大學副教授，主編《北平時報》「文園副刊」。

1947年為《世界日報》撰寫社論，出版《司馬遷之人格與風格》，全面系統地從文藝美學的角度評價了司馬遷及《史記》，成為該領域的重要參考書。1948年任北京師範大學教授。1949年加入新民主主義文化建設協會，並出席全國第一次文學藝術工作者代表大會。1950年入華北人民革命大學政治研究院學習。1954年代理中文系教研組主任，出版《中國文學史略稿》一、二卷，次年出版第三卷，該書因具有高度的學術品格和鮮明的個性色彩成為當時最流行的文學史教材。1957年受到批判，次年被劃為右派，失去寫作和教學的權利，「文化大革命」中被打成「老反革命」、「資產階級反動學術權威」，受盡屈辱。

長之先生才思敏捷，下筆千言。有一次，朱自清先生問他，一天可以寫多少字，他説最多時，一天寫了一萬五千字的長文，外加兩篇雜感。已經出版的作品有詩集《夜宴》、《星的頌歌》，批評專著《魯迅批判》、《夢雨集》、《苦霧集》、《迎中國的文藝復興》、《波蘭興亡鑒》、《道教徒的詩人李白及其痛苦》、《司馬遷之人格與風格》、《李白》、《陶淵明傳論》、《中國文學史略稿》，通俗讀物《龍伯國》、《大理石的小菩薩》、《我教你讀書》、《司馬遷》、《孔子的故事》以及譯著《德國的古典精神》、《文藝史學與文藝科學》等。這些著作，包括他還寫有的近四五百萬字的單篇文章，都是在被打成「右派」，也就是在他48歲之前寫成的。晚年的長之先生患有類風濕關節炎，行動不便，走路幾乎是一步一步挪動；雙手勾攣，成雞爪狀，握筆極其困難。「文革」後，漸次恢復了尊嚴，有幸看到了中國改革開放的曙光，卻不能用那健旺的筆以鳴盛世。在

眾多的著作中，長之先生以文學應用批評方面的成就最高，也最為著名。他曾自豪地説，如果有人叫他批評家，他感到最舒服。他的《司馬遷的人格與風格》、《陶淵明傳論》、《道教徒的詩人李白及其痛苦》、《魯迅批判》、《孔子的故事》等現仍為讀者所樂道，在日本也有譯本。

　　長之先生有一子二女，夫人柯柏薰罋鑠尚健。

李長之和他的朋友們

友情是什麼？不同年齡，不同經歷的人可能會有
不同的解讀。簡單說起來，友情是心靈的息息相通，是
能夠分享快樂與苦痛的平台，是艱難境遇中對溫暖的渴
望，友情是枯燥冷冽的人生中的甘露，相濡以沫，雪中
送炭。對於文學藝術家而言，更有一層是「奇文共欣
賞，疑義相與析」。由於文學藝術家之感情遠較一般人
濃烈，故文學藝術家對於友情的渴望與體會較之常人往
往更深切。蒲松齡有言「同心倩女，致離枕上之魂；千
里良朋，猶識夢中之路，而況繭絲蠅跡，嘔學士之心
肝，流水高山，通我曹之性命哉」。信哉是言。

　　李長之先生是一個熱情浪漫而好交遊的人，早在清
華大學讀書的時候，他已經和許多文學藝術家有了往來
並頗以此自豪。作為批評家，他敢於說真話，不怕得罪
人，他直言好友臧克家的詩作「平凡的詩占一半，太好
和太壞的各占四分之一」[註1]；他認為梁實秋的批評「倫
理的立場太過，而哲學意味的美學的根據還太少」[註2]；
至於他對於舉世敬仰，他也十分熱愛的魯迅，坦言其可
稱是詩人戰士而不可以說是思想家的觀點更是為世人所
熟知。但是，他很少因為直言的緣故得罪朋友，失去朋

友，相反，他身邊雲集的朋友十之八九都是因他的批評直言而相識相交的。

長之先生又是一個命運多舛的人，在眾所周知的年代裏，他在不斷的政治運動中屢遭批判，1957年被打成「資產階級右派」，「文化大革命」中更是成為「牛鬼蛇神」，身邊的朋友由風從雲集驟然風流雲散，門前變得直可羅雀。其中雖然更多的是時代的原因使然，但「富貴多士，貧賤寡友」，卻不幸在長之先生的身上得到了深刻的闡釋。

作為晚輩和學生，本不便於探究長之先生與朋友友情的這個話題，因為它有相當的私秘性，難於為外人所道。而且逝者如斯，莊生曉夢，當事人追憶起來都惘然難以把握，何況是後來的人呢？不過，長之先生既然是現當代的學者和批評家，他與許多著名的作家學者的交遊，就又不完全是他個人的私事，從中可以考時代、探學問、明事件、鑒人情，或者有著一定的意義和價值吧。

由於篇幅和時間的原因，在長之先生的眾多交遊中，我們只選擇了少數幾位先生加以敘述，這是需要向讀者說明的。

于天池　李書
2007年元月於有琴有書齋

註1：〈泥土的歌〉（書評），《時與潮文藝》〈書評副刊〉3卷4期（1944.6.15）

註2：〈梁實秋著偏見集〉（書評），《國聞週報》11卷50期（1934.12.17）

目錄

第一章

尊前我自心香爇

——李長之與魯迅

在李長之先生的現當代文學批評中，他對於魯迅的研究，無疑佔有特殊的位置，可稱用時最長，用力最勤。早在孩提時代，他就十分熱愛魯迅的作品，在中學讀書時即發表了評論魯迅的批評文字〈貓〉、〈讀魯迅在廣東〉。他在清華大學讀書時寫的《魯迅批判》是魯迅研究史上的存世之作。直到晚年，在最艱難困苦的時候，他對於魯迅的著作依然手不釋卷。如果不是由於政治運動迫使他中途而劃，以他的才力和學識，將會給我們留下比現在更多的研究魯迅的遺產。

長之先生對於魯迅懷著非常深摯的情感，他說：「事情往往過後才知道，受一個人的影響越深，異時往往越發不覺得。我知道有許多意見，以為是自己觀感所得的，但一往過去的生活上追溯下去，尤其是精神方面的教養，則那根源都歷歷可考。我受影響頂大的，古人是孟軻，我愛他濃烈的情感，高亢爽朗的精神；歐洲人是歌德，我羨慕他

李長之和他的朋友們

1933年魯迅在上海

魯迅五十三歲生辰拍攝的全家福

豐盛的生命力；現代人便是魯迅了。我敬的，是他的對人對事之不妥協。」（《魯迅批判》，〈後記〉，北新書局，1936年版）

作為批評家，長之先生熱情好友，朋友之多，在圈子中是出了名的。他以文會友，以批評交友，許多好朋友都是由於他批評過他們的作品而結下了深厚友情的。在他批評過的現代作家中很少有沒有晤過面的，但是，雖然魯迅是他最崇拜最熱愛，也是一生中評論得最多的作家，卻例外的是他一生中最想見到而始終沒能見到的人。

一種比較流行的說法是魯迅十分鄙薄長之先生及其《魯迅批判》。

他們的主要依據是魯迅與他人來往的信函：「李長之不相識。只看過他的幾篇文章。我覺得他還應一面虛心研究一下，膽子大和胡說亂罵，是相似而實非的。看那《批判》的序文，都是空話，這篇文章也許不能啟發我吧」（〈致孟十還〉見《魯迅書信集》下卷，人民文學出版社，1989年出版）。「李天

才正在和我通信，説他並非那一夥，投稿是被拉，我也回答過他幾句，但歸根結底，我們恐怕總是弄不好的，目前也不過『今天天氣哈哈哈──』而已」（〈致胡風〉見《魯迅書信集》下卷，人民文學出版社，1989年出版）。

　　但是，有關魯迅給長之先生的書信，在我們所見到的論及魯迅與長之先生的關係的行文中往往不見蹤影，這不能不說是一件頗為奇怪的事情。「文化大革命」中，紅衛兵抄了長之先生的家，據後來收藏這些信的魯迅博物館檢點，只有兩封，現在收錄於《魯迅書信集》中。長之先生於1978年病逝，逝者已矣，我們無法確認魯迅給長之先生的書信到底有幾封，它們的全部內容如何。但依據長之先生《魯迅批判》的〈後記〉「我很感激魯迅先生，他寄贈給我最近的相片，又給了好幾封信」及〈三版題記〉：「我曾把魯迅給我的信的一張寄給書局，也想製版，所以目次上也有一條是『魯迅先生手跡』，結果是手跡也不見，又留下一個空頭支票，──原信也一併不見蹤影了。」起碼魯迅還給長之先生寫有一封信。按照人情而論，這封信一定對於長之先生或其《魯迅批判》有所涉及，否則，長之先生不會單挑出來作為《魯迅批判》出版的附錄。從〈三版題記〉中有「魯迅先生是看過付印之前的稿樣的，他很幫忙，曾經訂正過其中的著作時日」，而這些內容又不見於現存的魯迅給長之先生的信中，估計所丟失者正是此信。此信的年月後於《魯迅書信集》所載的兩封信，大約是《魯迅批判》在天津《益世報》連載之後（10月底），而在《魯迅批判》出版之前（11月中旬）的當中。

　　另外，1934年4月16日出版的《清華週刊》第41卷3、4期合刊

魯迅致李長之書信書影，現藏魯迅博物館

上，發表過魯迅的散文〈火〉，其時長之先生正主持《清華週刊》的文藝欄目，有41卷6期發表的長之先生與編輯部諸同人的照片為證。據此，則長之先生與魯迅的交往來信，大概在1934年初即已開始。按照刊物編輯出版往往延後的情況，它們之間的交往甚至可以推前到1933年底。但這只是推測。

現存的魯迅給長之先生的信函儘管不能說是熱情洋溢，但起碼可以說是友好而誠摯的，並且帶有長者予後進那種特有的勸勉的情感，像1935年7月27日，魯迅寫信給長之先生，鼓勵他大膽把《魯迅批判》寫下去：「我並不同意於先生的謙虛的提議，因為我對於自己的傳記以及批評之類，不大熱心，而且回憶和商量起來，也覺得乏味。文章，是總不免有錯誤或偏見的，即使叫我自己做起對自己的批評來，大約也不免有錯誤，何況經歷全不相同的別人。但我以為這其實還比小心翼翼，再三改得穩當了好。」就讓長之先生十分感動而縈之於懷。他在《魯迅批判》的〈後記〉

中充滿感情地說：「我很感激魯迅先生，他寄贈給我最近的相片，又給了好幾封信，使我對於所列的著作時日有所補正。他不像一般人所以為的猜忌刻薄，從他的文章就可以看出，他反而是並不世故，忠厚而近於呆子的地步。」如果《魯迅批判》〈後記〉所載的那封信沒有丟失的話，大概會進一步加強我們的推測。

那麼怎麼理解這種似乎是對立的資料呢？其實，只要平心而論也就不難釋然。

魯迅在給其他人的信中提到長之先生的資料都是在他看到長之先生的《魯迅批判》之前或之中，而不是其後；而給長之先生的信函都是在《魯迅批判》發表當中及其以後，而不是在其前。這是我們考察此一問題的關鍵。

認識並瞭解一個人是不容易的，何況是在魯迅戰鬥的那個複雜的年月裏。假如我們把魯迅與長之先生的交往看作是一個過程，那麼動態地全程地把握，而不是僅取其斷片，則就容易觀照而得其真相了。

魯迅愛青年，尤其是上進的文學青年，他盡自己的力量從各個方面幫助他們。但他和青年的來往相識如生活本身一樣的豐厚多樣，其中既有一見如故者，也有經過一個認識過程而後才訂交者。長之先生無疑屬於後者。

就長之先生與魯迅通信時的身份而言，魯迅是聞名全國的大文豪，長之先生其時不過是尚在清華大學讀書，名不見經傳的大學生。長之先生熟悉魯迅，魯迅其時如日中天；魯迅並不認識長之先生，那時的長之先生剛剛踏上文學之途。但長之先生雖剛在文壇上嶄露頭角，由於文筆勁健，思維敏捷，頗有咄咄逼人之勢，魯迅批評他「膽

子大和胡說亂罵，是相似而實非的」並非無的放矢。尤其是他的文藝理論深受德國古典美學和文藝理論的影響，和當時文壇上的主流派——社會批評學派——格格不入，他經常對所謂左翼批評家及其理論發起攻擊，像他的〈我對於文藝批評的要求和主張〉（《現代》3卷1期）、〈批評家為什麼要批評〉、〈文藝批評家要求什麼〉（李長之《批評精神》南方出版社1942年）、〈文壇上的黨派〉（《文學評論》1卷1期）、〈論目前中國批評界的淺妄——我們果真是不需要批評麼〉（《現代》4卷6期），這些文章很自然容易引起當時在魯迅周圍的馮雪峰、胡風等人的反感。魯迅致胡風的信中說道「李天才正在和我通信」云云，也從一個角度說明了胡風等人針對長之先生向魯迅的議論。即使就長之先生的魯迅研究而言，據長之先生自述，他的〈阿Q正傳之新評價〉「原先是投給《北平晨報》的，但被編輯移入了《再生》，因此倒有些人以為我和張君勱、張東蓀諸公有些干係了，因此急進的評論家就把我攻擊迷信辯證法者食之而不化的罪過，更加擴大起來，居然再進一步，我便成了『資產階級的代言人』真是開頭所意料不及的」（《魯迅批判》〈後記〉，上海北新書局1936年）。——可見魯迅對長之先生的疑慮並非完全空穴來風。魯迅是坦率的，他在給胡風的信的同一天致長之先生的信中，明言他對長之先生的疑慮：「久未看上海的雜誌，只聽見人說先生也是第三種人裏的一個。上海習慣，凡在或一類刊物上投稿，是要被看作一夥的。不過這也無關緊要，後來大家會由作品和事實上明白起來」（〈致李長之〉見《魯迅書信集》下卷）。這疑慮中既有批評，也有寬慰，更有期待和希望。

　　魯迅對於長之先生的魯迅研究工作也有一個認識和瞭解的過程。

當魯迅尚未與長之先生來往，當長之先生的《魯迅批判》剛剛在天津《益世報》上連載，魯迅的確是懷著冷眼旁觀甚至有些警覺的態度的。他在給孟十還的信中所說「看那《批判》的序文，都是空話，這篇文章也許不能啟發我吧」就表明了這樣的心態。然而隨著《魯迅批判》的連續發表，魯迅更多地表現出一個長者，一個文學上的泰斗，對於一個文學青年的批評文章的寬容、欣慰，甚至是贊許了。他在1935年7月27日致長之先生的信中說：「我並不同意於先生的謙虛的提議，因為我對於自己的傳記以及批評之類，不大熱心，而且回憶和商量起來，也覺得乏味。文章，是總不免有錯誤或偏見的，即使叫我自己做起對自己的批評來，大約也不免有錯誤，何況經歷全不相同的別人。但我以為這其實還比小心翼翼，再三改得穩當了好。」1935年7月正值《魯迅批判》在天津《益世報》連載的過程之中，是在〈熱風以前之魯迅──魯迅批判之七〉（天津《益世報》〈文學副刊〉20期1935.7.17）和〈魯迅之生活及其精神進展上的幾個階段──魯迅批判之十一〉（天津《益世報》〈文學副刊〉23、24期1935.7.31、8.27）發表的當中，我們可以明顯地感受到魯迅是在閱讀的過程中逐漸接納了長之先生，並對《魯迅批判》持著鼓勵的態度了。魯迅在9月12日〈致李長之〉的信中回答長之先生有關所印畫集的種類和譯書的情況，更是明顯地提供資訊，幫助長之先生撰寫其《魯迅批判》。長之先生的《魯迅批判》由於天津《益世報》〈文學副刊〉的轉移而倉促輟筆，並於年末由趙景深先生幫助在北新書局出版。出版之前，長之先生給魯迅先生寫信，將《魯迅批判》的稿子寄給他，希望能得到魯迅的指正。魯迅是如何對待的呢？長之先生在《魯迅批判》的〈三版題記〉中是

李長之《魯迅批判》初版封面

李長之《魯迅批判》第三版封面

這樣敘述的：「魯迅先生是看見過付印之前的稿樣的，他很幫忙，曾經訂正過其中的著作時日，並曾寄贈過一張近照。那張照片的大小是像明信片樣的，從背面看，見出是自一張硬紙上揭下來的。」這就是魯迅對於《魯迅批判》一書的態度，這就是魯迅對待青年李長之的態度，我們從中看到的是魯迅一貫的對於文學青年的熱情、期盼、鼓勵和贊助，看到魯迅對於《魯迅批判》同樣是持贊許的態度的。《魯迅批判》一書是在魯迅研究的專著中唯一經過魯迅過目並校對的著作。

我們是否可以這樣說，長之先生在寫《魯迅批判》之前，雖然對於魯迅一往情深，充滿崇拜之情，魯迅卻並不瞭解他。但是兩人通過書信來往，尤其是在長之先生寫作《魯迅批判》的過程中，魯迅開始瞭解了長之先生，像他慣常地熱心地對待文學青年那樣予以鼓勵和幫助，開始了真摯地交往。可惜的是，這交往的時間過程太短暫了。

魯迅是在1936年逝世的，魯迅逝

世時，長之先生寫了一篇懷念魯迅的文章，特意談到他一生沒有來得及見到魯迅先生的遺憾。他説：「從去年，大概在寫《魯迅批判》的時候以前吧，我就想專到上海去，去看一看這位永遠站在青年隊裏的益友了，去拜訪一下這位保存了新文化運動的命脈的武士了，去禮贊一下這位國民性的指導者和監督者了，然而竟因為此牽彼掛，不能抽身。到現在竟成了我再也不能見到的人了。在歌德十九歲的時候，於萊布齊希做學生，那時候他最嚮往的是温克爾曼；温克爾曼正有歸國的消息，他就熱狂得了不得，但是三等兩等，温克爾曼終於沒到了德國，路上卻被害了！温克爾曼變成歌德始終沒見到的一人。當然我比不上歌德，但是我覺得魯迅給我的影響之大似之，我對於魯迅先生之敬愛亦似之，使我終不能見之為遺憾尤似之！」在這篇文章中，長之先生還特別把魯迅的死和自己父親的死聯繫起來，他説：「也許因為剛剛在一個月之前，是我的父親死去了，我已經看見過死人是怎樣

日本友人南雲智翻譯的
李長之《魯迅批判》

魯迅逝世時的送葬隊伍

魯迅逝世時的追悼會場

魯迅之墓

的光景了。在有著這事情的氛圍是如何的愁慘；家屬和親人，是如何張惶而撩亂；這印象似乎給我太深了，也太明確了，又似乎太熟悉了，於是我麻木了。當我一見那消息，立刻便像有一張很鮮明的紛亂的圖畫，映在我的眼前似的。卻又為這紛亂的圖畫所窒塞，充滿，——因此，的確我是麻木了」（〈哀魯迅先生〉，《瀟湘漣漪》（月刊）（長沙）第二卷第八期，1939年十一月）。長之先生這麼寫是有著他特殊情感上的聯繫的，那就是，他對於魯迅，實際上懷著像對於父親樣的情感，他在文學道路上的成長經歷中烙著太多魯迅的印記。

古人說，脾膈間物，不能捫以示人。友情的建立有時是很奇妙的，有的人在一瞬那間就建立了生死情誼，所謂一見傾心；有的人曲曲折折，友情的道路走得非常艱難，終至白頭如新。而且，有時友情的互動並不平等平衡，很可能一方如火如荼，另一方卻淡淡如水，若即若離。特別是，友情也需要培植，需要充分的時間，較近的空間，才

能進一步地發酵、發展和互動，
而造物主往往在時間和空間上又
是很吝嗇的，終於留下許多人生
的遺憾。我們設想，假如魯迅先
生能夠再活幾年，假如長之先生
能夠得以和他見面，魯迅和終生
仰慕他的長之先生或許會建立更
誠摯的友誼吧。

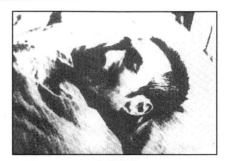

魯迅遺容

這是1956年舉行的紀念魯迅逝世二十周年的大會，長之先生發表了〈文學史家的魯迅〉長文

第二章

只斷紅相識夕陽間

——李長之與周作人

中國二十世紀三十年代的文壇上群星璀璨，交相暉映。尊崇前輩，提攜後進，一時蔚然形成風氣。長之先生作為在五四文化大潮中直接成長起來的文學青年，對於在當時享有盛譽的周氏兄弟一直景行崇拜，渴望得到他們的幫助。由於勤奮好學，早在清華大學讀書的時候他便在文壇上嶄露頭角，也由於當時他幾次主編清華大學《清華週刊》的文學欄目，尤其是他參加《文學季刊》編委會和主編天津《益世報》〈文學副刊〉期間，他與當時文壇上相當多的作家有了來往，其中也包括了周氏兄弟。周氏兄弟對於他在文學道路上的成長產生了很大的影響。魯迅自不必說，周作人的影響也相當大。但由於眾所周知的原因，長之先生在後來的回憶中，在談起五四時期的文學家對於他的文學道路的影響時，談魯迅談得較多，對周作人卻三緘其口。其實，長之先生與魯迅只是文字上的來往，而與周作人卻曾經有過一段

鮮為人知的頗為密切的友情。

—

　　長之先生是在什麼時候與周作人相識的呢？周作人說：「李長之君在北大理預科時我就認識他」（〈論救救孩子〉，《大公報》1934年12月8日）。從目前我們可以查到的資料看，長之先生與周作人的通訊始於1930年，其時長之先生正在北京大學理學院讀預科，在為報考文科和理科徘徊不定。據周作人1930年7月19日所作日記標明，這一天，他收到了長之先生的來信，並在長之先生名字的後面添注「覆」字，也就是說作了回信。周作人不僅有記日記的習慣，很少間斷，而且所記非常細密，凡有人來訪或者來信覆信，他都標注得清清爽爽。從周作人的日記來看，可以較肯定地說，長之先生與周作人的過從不會早於此時。此時的長之先生為了什麼目的與周作人聯繫？他後來選擇報考清華大學的生物系是否受到周作人的影響等等，我們並不知道。周作人給長之先生

三十年代的周作人在八道灣寓所

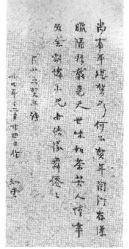

周作人1936年賀年詩手跡

覆信的內容我們也並不清楚，但從周作
人當即回覆長之先生的來信看，起碼周
作人是非常重視長之先生來信的。從周
作人的日記顯示的情況來看，長之先生
與周作人的交往從此就漸漸頻繁起來。
據不完全統計，1930年其間書信往來是
一封，1932年一封，從1933年始，長之
先生開始登門拜訪，並從周作人寓所借
書，兩人關係開始密切。一個有趣的現
象是，從周作人日記來看，自從周作人
寫了〈李長之文集序〉之後，周作人在
來往書信欄目的填寫上，對於長之先生
的稱呼發生了變化，即由原來稱呼「李
長之」，改為稱呼「長之」，這個變
化雖然由於我們見到的周作人的日記不
全，出版的周作人日記也止於1934年，
很難做進一步的推斷，但這個微妙變化
還是明顯的，表明兩人的關係較前密切
起來。

北京八道灣周作人寓所

周作人日記中有關李長之記載的片斷

二

　　周作人給了這個比他小十幾歲，而
且當時還只是一個大學在校生的青年以

真摯的友情。他不僅與長之先生書信往來，而且在家中接待了他，與他做了很好的朋友。他很瞭解，也很欣賞長之先生，「李長之君在北大理預科時我就認識他。他學過生物，又轉習哲學，愛好文學，常寫些批評文。」「以李君的學歷和性格去做文學批評的工作總是很適當能勝任的」（〈論救救孩子〉，《大公報》1934年12月8日）。

他借給長之先生書籍，幫助長之先生寫了《王國維靜庵文集》的書評。長之先生在寫《紅樓夢批判》的時候，涉獵到王國維的《紅樓夢評論》，也便留意到《靜庵文集》，打算稍後寫〈王國維文藝批評著作之一般的考察〉。正在這時，長之先生從鄭振鐸先生處聽說有人要標點此書，在開明印行。便急於要找到此書一閱。但是到處找不到。情急之下，便向周作人提起，周作人立即相借。據周作人日記，在1933年8月31日「下午，李長之君來訪，攜去《靜庵文集》一冊」。1933年9月13日「上午，收李長之君還《靜庵文集》一冊」。長之先生是在10月12日完成他的《王國維靜庵文集》書評寫作的，發表在1933年12月23日的《大公報》上。

長之先生和楊丙辰先生在1934年創辦《文學評論》，周作人前去支持。在1934年4月29日周作人的日記中記載說：「下午三時至中山公園春明館，應丙辰、長之《文學評論》之招，來者甚多，五點回家」。《文學評論》是長之先生退出《文學季刊》後，自己創辦的刊物。雖然署名是他和楊丙辰兩人，但實際上從籌措資金到編輯發行全是長之先生一個人在張羅。由於長之先生不善經營，缺乏經驗，《文學評論》只出了兩期就關閉了，可稱是一個短命的刊物。由於資料的缺乏，原先我們只知《文學評論》創刊於1934年的8月1日，根據周作

人的日記我們得知，早在4月份長之先生就開始籌措此事了。

假如說周作人支持《文學評論》的成立，其中還有楊丙辰先生的面子的話，那麼他在長之先生主辦的《益世報》上發表文章則純粹是為了這個文學青年了。

1935年長之先生主辦天津《益世報》文學副刊。這個報紙是天主教會的背景，在華北影響很大。長之先生在主編期間，發表了他的《魯迅批判》，奠定了他在現當代文學批評界的地位。但也由於此文，他同天主教會發生衝突，不久退出。周作人在長之先生主持期間發表了〈關於苦茶〉（天津《益世報》1935年3月13日），〈與謝野先生紀念〉（天津《益世報》1935年4月24日），〈苦茶隨筆後記〉（天津《益世報》1935年7月24日）等文章，都是應長之先生的邀約寫的稿。如果我們想到當日長之先生只是一個在校的學生，那麼，周作人的拳拳用心就很可感了。

長之先生是一個熱情，愛交遊，活動能力很強的的青年。雖然他還尚在學校讀書，但是當日在京的文學家幾乎都與他有著來往，而且，由於在清華大學上學，長之先生同當時清華大學文學圈子的師友尤其有著深切的交往。在周作人與清華大學的文學界朋友的來往中，長之先生往往起到了特殊的作用。比如，朱自清先生在清華大學講授陶淵明的選修課時，曾四處搜羅陶淵明集子的版本以供備課和研究之用，當他知道周作人有《陶集版本考》後，便向周作人求援。周作人便在長之先生來訪時，託他順便帶給朱自清先生。當時清華和燕京大學中與長之先生差不多同時的文學青年很多是通過他的關係與周作人認識的，林庚先生如此，李廣田先生也如此，他們去周作人的家，在

周作人的日記中都記著是與長之先生一起造訪的。

在長之先生與周作人的交往過程中，周作人與長之先生就文學，就民俗，就現當代文學作家和作品，進行了廣泛的交流和討論。兩人都對於王國維、林琴南、劉半農有所感觸，不僅交流看法，而且訴諸筆端。長之先生在評論俞平伯先生的《雜拌兒之二》時，是受到周作人的啟示的，朱自清先生在日記中說「《晨報》上有李長之〈評《雜拌兒之二》〉一文，頗扼要。大旨謂平伯生活態度為淡味，又謂其善言沒落之感。又謂平伯對學問亦無甚執著。甚推〈中年〉一篇，但盼望此種冷淡的玩世態度應取回。又謂周豈老亦如此期望云」（《朱自清文集》，江蘇教育出版社，1988年出版）。

但兩人談得最多的是童話，是兒童文學創作和出版，是外國兒童文學的引進。在這些方面，長之先生的言詞大概給周作人的印象很深。他說：「李君對於欺騙小孩子的甚為憤慨，常有言論，這我最有同感。」（〈論救救孩子〉，《大公報》1934年12月8日）而長之先生對於周作人關於兒童的看法也深深的服膺。早在五四時期，長之先生就讀過魯迅和周作人關於「救救孩子」的文章，受到很深的啟發。現在能夠親自聆聽前輩的看法，當然更是「嚶其鳴矣，求其友聲」。由於有著共同的看法，長之先生也就迅速地實踐起來。尤其值得注意的是，1934年周作人為長之先生的文學論文集寫了一個序言，題目是〈救救孩子〉，發表在1934年12月8日的《大公報》上。依據《周作人日記》，那是長之和李廣田先生一起去周作人的家，兩人同時提出來的，周作人也幾乎同時寫好了序言。李廣田先生的文集後來得以出版，而長之先生的文學評論集卻由於「文學評論社」的倒閉沒有能夠

出版，空留下了周作人的序言。長之先生的文集是文學評論性質的，但周作人序言的題目卻是〈救救孩子〉，談的是兒童和兒童文學問題。推其原因，大概一是周作人本來對於兒童問題有著感慨，十分關心，另外兒童問題的議論在長之先生這一時期的文章中也佔有相當的分量，比如此時期他寫有〈歌德及其童話〉、〈童話論〉、〈論兒童創作──讀「我的希望」〉、〈孩子的書〉等，──他也經常和周作人談起兒童問題。但更重要的原因是，此時長之先生針對王雲五先生的「小學生文庫」發表的系列文章，給周作人留下了深刻印象：「我讀李君的文章留下最深的一點是他對於兒童的關切」。「教育家不把兒童看在眼裏，但是書店卻把他們看在眼裏的，這就是當作主顧看，於教科書之外再擺出些讀物來」，「國民是整個的，政客軍人教育家文人畫師，好總都好，壞也都壞，單獨期望誰都不成，攻擊誰也都不大平安。李君卻要說話，這是我最佩服的。我也記不清是那幾篇文章了，也不知是批評出版還是思想哪一方面的權威了，總之我記得的是李君對於兒童的關切，其次是說話的勇氣，不佞昔日雖曾喜談虎，亦自愧弗如矣。」周作人沒有明確指出長之先生抨擊的「欺騙小孩子」的權威是誰，採用了含混的說法──「記不清是那幾篇文章了」──其實所指很明確，就是指長之先生在1933年同王雲五先生論戰的事情。1933年，商務印書館的大老闆王雲五先生以「小學生文庫」的名義印了一套書，聲稱「本文庫的編印和萬有文庫相同，一方在以整個的圖書館用書貢獻於小學校，一方採用經濟的與適當的排印方法，俾小學校得以四五十元之代價獲得五百冊最適合兒童需要的補充讀物，而奠立圖書館的基礎」，長之先生對於這種欺騙小學生的牟利行為非

常憤慨，10月31日在《北平晨報》上以〈小學生文庫〉為題加以抨擊，指出王雲五先生的「小學生文庫」，「只是商業意味的出售一大批賣不出去的書籍，特別價廉，以利誘人」的把戲，「令人不得不抱了嫉惡如仇的態度，要來口誅筆伐一番了」。11月14日王雲五在《北平晨報》上發表文章公開辯解，第二天，長之先生迅即寫了〈答王雲五──關於「小學生文庫」〉作答，一場圍繞著「小學生文庫」的編纂的論戰就此展開。一方是財大氣粗，背景很深的出版界大老闆，一方只是清華大學的在校學生，這場論戰的實力是很不平衡的。假如長之先生將來選擇的不是寫作評論行業，不在出版界混飯，那倒也罷了。而他作為一個初出茅廬的文學青年，為了主持正義，為了兒童的教育，挑戰一個在新聞出版界有著很大勢力的，對於自己的前途會有很大影響的人物，不能不有很大的勇氣。所以當年老舍先生由衷地稱讚長之先生當時同王雲五先生的筆戰是「真如趙子龍，渾身是膽」（〈憶老舍〉，《新文學史料》1978年創刊號）。周作人在序言裏對於李長之維護兒童權益，抨擊王雲五欺騙兒童的行為給予了高度的評價，認為是「大膽深心的書呆子的歎息」，「中國學者中沒有注意兒童研究的，文人自然也同樣不會注意，結果是兒童文學也是一大堆的虛空，沒有什麼好書，更沒有什麼好畫」。「李君卻要説話，這是我所最佩服的」。而題目稱「救救孩子」，無疑是對於長之先生與王雲五先生論戰的旗幟鮮明的支持。周作人在這裏是以一個五四時期前輩的身份「仗義執言」的，同時表達了自己的期望。這也就是為什麼周作人為長之先生的文學評論集寫的序言拐著彎談起兒童問題的原因。

在長之先生與周作人的交往過程中，可以明顯地看到周作人對於

他的深刻影響。比如，周作人1930年寫〈論八股文〉（《駱駝草》1930年5期）一文，認為應該「提倡八股文之研究」。「因為八股是中國文學史上承先啟後的一個大關鍵，假如想要研究或瞭解本國文學而不先明白八股文這東西，結果將一無所得，既不能通舊的傳統之極致，亦遂不能知新的反動之起源」。「八股不但是集合古今駢散的精華，凡是從漢字的特別性質演出的一切微妙的遊藝也都包括在內，所以我們說它是中國文學的結晶」。長之先生很看重周作人的這一觀點，說「普通人是不把八股文算作文學的一部的，他卻在文學史上給了八股文一個位置。從來是把八股文認為是和文學正宗的古文無關的，他卻揭開了兩者的姻緣。」（〈讀《中國新文學的源流》〉，《北平晨報》1932年10月4日）1933年7月，長之先生寫〈中國文學史上的一個污點——八股文的分析〉直接加以響應。他沿著周作人的思路，給八股文以條分鏤細的分析，說：「八股文，因為現在的人瞧不起它，對它實在模糊起來了，至像我這樣生得晚的人，既沒趕上這場熱鬧，自然更容易渺茫。不過，假設我們不忘掉在中國歷史上有『萃五百年之英才，悉其聰明財力，研精殫思於八比之中』（江國霖〈制義叢話序〉）的創痛和羞恥，而八股文又影響於中國一時代的文學和批評者非常之大，我們倒是該弄個清楚的」。「我起了一個意念，要仔仔細細看看八股文，到底是個什麼玩意兒，以及何以維持了這麼長久。自然，周作人先生的提倡，也鼓勵著我」（李長之〈中國文學史上一個污點——八股文的分析〉，《清華週刊》第四十卷第一期）。

周作人介紹格來亨（Kenneth Grahame）的《楊柳風》和《癩施堂的癩施先生》，認為「是二十世紀的兒童（一歲到二十五歲！）文學的佳

作，值得把它譯述出來」又說：「從前曾說過這樣的話：『我們沒有迎合社會心理去給群眾做應制詩文的義務，但是迎合兒童心理供給他們文藝作品的義務，我們卻是有的，正如我們應該拒絕老輩的鴉片煙的供應而不得不供給小孩的乳汁』。」，「不過，我們自己既然來不成，那麼剩下的可走的路只有翻譯了」（《駱駝草》1930年8期）。周作人的意見對於長之先生及其清華大學的同學影響很大。據長之先生回憶，當時李廣田和尤炳圻先生同時開始翻譯《楊柳風》。長之先生明明知道兩人同時在翻譯，但沒有溝通消息。因為按照他的觀點，「凡是名著最好是多有幾種譯本」。但終於李廣田先生知道尤炳圻先生也在翻譯《楊柳風》便停了筆。長之先生對此還很是悵惘了一陣呢。後來應尤炳圻先生之邀，長之先生與周作人分別為《楊柳風》譯書寫了序言。尤炳圻先生自己的序言發表在長之先生主編的天津《益世報》〈文學副刊〉上，周作人的序言發表在1930年的《駱駝草》上，長之先生的序言則發表在1935年6期的《文飯小品》上。周作人的觀點同時也影響到長之先生的童話翻譯和童話創作上。長之先生的一生一直非常重視兒童文學的翻譯和兒童文學的創作，從1932年他開始翻譯歌德的童話，一直時譯時輟，到1956年才將《歌德童話》全部完成。此期間他還創作了《燕子》、《大理石的小菩薩》、《龍伯國》等童話（參見于天池、李書〈論李長之的童話譯著及其兒童創作論〉，《清華大學學報》2003年第六期）。

　　當然，在長之先生踏上文學道路的過程中，他受到的文學影響是來自多個方面的，並非周作人一人。即使就具體的問題論，也不能簡單的認為，他對於什麼感興趣，他與什麼人的觀點一致就是受了什麼

人的影響。比如就兒童文學的理論和翻
譯創作方面而言，很難分清哪些是長之
先生受了魯迅的影響，哪些是受了周作
人的影響，乃至受到鄭振鐸、葉聖陶、
冰心等先生的影響，因為兒童問題是那
個時代進步的文學家共同關心的問題。
而且，長之先生是一個個性很強，有
著獨立思想的人。在同一個問題上，
有些他是贊同周作人的觀點的，有些
則不然，並作了公開的表述。比如，
兩個人都對於歌謠感興趣，都主要是
從民俗的立場解讀歌謠，很可能長之先
生對歌謠研究的興趣還是由周作人引領
上路的。但在實際的觀點上，長之先生
和周作人並不一致。比如，周作人認為
歌謠是「集體的創作」，他說：「我想
古今文藝的變遷曾有兩個大時期，一是
集團的，一是個人的，普通文學史上所
記大都是後期的事，但有些上代的遺留
如歌謠等，也還能藉以推知前期的面影
的百一」（《看雲集》）。而長之先生
則正相反，認為歌謠是個人的創作，它
在《歌謠》上發表文章一再強調歌謠是

李廣田在北京大學畢業時的照片

徐芳與胡適先生及《歌謠周刊》
編輯部同仁合影

個人的創作，並與壽生、卓循發生了論爭，他說：「在現在流行的藝術論中，頗有把天才抹殺，以集團派作是藝術的創造者的論調了，這是我所最不同意的」。「我們指為民間創造的東西，即是有意無意間以為是集團的東西了，其實沒有這麼回事的，這只是新士大夫們的一種幻覺而已。倘因此而認為歌謠的價值特別高，這只是由於太崇拜平民（一如過去舊士大夫之太崇拜貴族）之故，將必不能得到歌謠的真價值」（〈歌謠是什麼〉，《歌謠》第二卷第六期）。雖然兩個人都反對集團的藝術，但周作人認為集團藝術在人類文化史上是存在的，是人類早期藝術創作的反映，隨著社會進步，它成為阻礙藝術發展的東西。他說：「集團的藝術之根據最初在於民族的嗜好，隨後變為師門的傳授，遂由硬化而生停滯，其價值幾乎只存在技術一點上了。文學則更為不幸，授業的師傅讓位於護法的君師，於是集團的『文以載道』與個人的『詩言志』兩種口號成了敵對。在文學進了後期以後，這新舊勢力還永遠相搏，釀成了過去許多五花八門的文學運動」（《駱駝草》，1939年9月）。而長之先生乾脆否定集團藝術的存在，認為它從來沒有過：「藝術出之於能表現的人，這能表現的人是少數，這少數就是天才。他們表現個人主義也好，集團主義也好，反正藝術不是集團創造的。」「以往所謂的集團藝術，我先問是真由集團創造的呢，還是集團中的個人創造？不過我們不知道那個人是誰，因而推之於集團的。」「以心理基礎而論，畢竟人人的腦筋是在個體之內，並沒有支配多數人的生理機關。藝術是抒情的，所以只有自個體的心理，因而也就不能有集團創造的藝術。」（〈集團藝術是集團的嗎〉，《天津益世報》1935年5月15日）。再比如，就散文創作而言，當日長之先生

24

的確受有周作人一定的影響，主張散文要有趣味性，要自然，從容，反對「遵命文學」，也經常在《宇宙風》、《論語》等刊物上發表文章。但是，周作人散文追求的是散淡、閒適和雅潔，五四運動之後主要是在故紙堆中討生活而與現實和人生漸行漸遠；而長之先生的散文風格熱情、浪漫，散發著的是青春的氣息，充滿著對於人生和現實的批判精神。兩人很快在內容和風格上涇清渭濁，分道揚鑣了。1933年俞平伯先生出版《雜拌兒之二》，周作人為其作了序，讚賞《雜拌兒之二》：「以科學常識為本，加上明淨的感情與清澈的理智，調和成功的一種人生觀。以此為志，言志固佳，以此為道，載道亦復何礙」（《雜拌兒之二序》，江西人民出版社，1983年出版）。書出版之後，長之先生在《北平晨報》上發表了評俞平伯先生《雜拌兒之二》的書評，針對周作人對於俞平伯人生觀的欣賞，長之先生不客氣地指出俞平伯先生「的世界裏沒有衝突，所以也沒有奮鬥，沒有憤恨，所以更沒有反抗，革命。」「他現在的感覺，只是在人生的長途上，要逃，像一個逃兵」。他對於俞平伯批評的矛頭，實際上同時指向了周作人，認為周作人同樣的帶有這一傾向，他在文章的結語中說：「俞先生的『中年』之感，希望他馬上撤回。像看運動會，對快要不跑的人，便不禁呼：『加油』！──似乎對周作人先生也應如是」（李長之〈評《雜拌兒之二》〉，《北平晨報》1933年5月16日）。1935年7月24日長之先生在其主編的天津《益世報》〈文學副刊〉上發表了周作人的〈苦茶隨筆後記〉後，更是在編者按中坦承兩人在文字感覺上的差異：「知堂先生一稿，置此已久，中間所費的時光，都在往返斟酌的字句上了，否則就怕發表了不合適。我記得據說越文明的國家，個人

俞平伯先生的《雜拌兒》書影

李長之在《北平晨報》上發表
關於俞平伯《雜拌兒之二》的書評

1936年，周作人與錢玄同等人的合影。
左起第一人 周作人，第三人 錢玄同

的自由越少，那麼，我只有苦笑著説：中國已經很文明了麼。對知堂先生，卻是謝謝，並且致歉意」。——儘管如此，在長之先生就讀清華大學期間，周作人是在他走上文學道路的過程中影響很大的一個人。

長之先生和周作人的交往大約在1937年中斷。原因是長之先生大學畢業後生活沒有著落，他主編的天津《益世報》〈文學副刊〉由於和天主教發生衝突而被迫辭職，他擔任的清華大學蒙藏生導師的職位月薪才8元，再加上1936年的9月他父親在濟南病逝，長之先生離開北京奔喪。不久，迫於生計，他應雲南大學校長熊慶來先生的邀請，與吳先生一起奔赴雲南大學講學，後來輾轉去到了四川。抗戰爆發後，周作人在北平當了漢奸，長之先生自然與之斷絕了往來。

五

作為一個剛剛踏上文學道路而又

才華橫溢的青年，長之先生幾乎是同時與當時文壇上的魯迅、周作人兩兄弟交往的。從目前所能看到的資料，長之先生和周作人的來往還稍早些，始於1930年七月。長之先生與魯迅的交往稍晚，大概始於1934年。1934年魯迅在《清華週刊》第41卷3、4期合刊上發表了散文〈火〉，其時長之先生正在《清華週刊》上當文學專欄的編輯，似乎已經開始了書信的往來。長之先生與周作人的交往稍早的原因，大概出於地域，出於兩人其時都生活在北京的緣故。儘管長之先生當時對於周氏兩兄弟都懷著敬意和崇拜之情，周氏兩兄弟對於青少年時期的長之先生熱愛文學並走上文學的道路都影響甚巨，但從崇拜之深，受影響之大來講，長之先生是更偏向於魯迅的。在與周氏二兄弟交往之前，早在1929年，長之先生就寫有關於魯迅的評論——〈讀魯迅在廣東〉，其時長之先生剛19歲，中學尚未畢業。其後，長之先生來北京就讀北京大學理學院預科和清華大學，他連續寫下〈阿Q正傳的再評價〉、〈三閒集——魯迅最近的雜感散文集〉、〈魯迅和景宋的通信集〉、〈魯迅偽自由書〉等文章評論魯迅。而對於周作人的評論，除卻〈讀《中國新文學的源流》〉外，則付之闕如。不過，周氏二兄弟對於李長之的態度卻似乎正好相反。比如，魯迅對於遠方的這個文學青年雖然也給與了鼓勵幫助，在長之先生準備動筆寫系統的魯迅評論時鼓勵他說：「我並不同意於先生的謙虛的提議，因為我對於自己的傳記以及批評之類，不大熱心，而且回憶和商量起來，也覺得乏味。文章，是總不免有錯誤或偏見的，即使叫我自己做起對自己的批評來，大約也不免有錯誤，何況經歷全不相同的別人。但我以為這其實還比小心翼翼，再三改得穩當的好」。尤其是當長之先生的《魯

迅批判》在天津《益世報》發表後，長之先生將剪報寄給魯迅，告知即將出版，魯迅不僅訂正了其中的年份，而且寄贈給長之先生一份近照，以作《魯迅批判》封面之用。但在另外的場合，在與其他人的談話中，卻顯示出魯迅對於長之先生的善意不能說沒有敷衍的成分，甚至懷有著警惕。因為就在同時，魯迅在給胡風先生的信中就說「李天才正在和我通信，說他並非『那一夥』，投稿是被拉，我也回答過他幾句，但歸根結底，我們恐怕總是弄不好的，目前也不過『今天天氣哈哈哈──』而已」（《魯迅書信集》下卷，人民文學出版社，1976年出版）。後來，當長之先生寫信給魯迅，訴說他準備把在天津《益世報》發表的有關《魯迅批判》結集，並將有關的剪報寄給魯迅的時候，未嘗沒有希望魯迅為自己的批評魯迅的專著寫篇序言之意。但長之先生沒有能實現自己的所願。直到魯迅去世，天南海北，長之先生始終沒有機會見到魯迅一面。只能悵惘地說：早「就想專到上海去，去看一看這位永遠站在青年隊裏的益友了，去拜訪一下這位保存了新文化運動的命脈的武士了，去禮贊一下這位國民性的指導者和監督者了，然而竟因為此牽彼掛，不能抽身，到現在竟成了我再也不能見到的人了」（〈哀魯迅〉，《瀟湘漣漪》（長沙）1936年十一月第二卷第八期）。周作人對於長之先生卻一見如故。長之先生在1930年7月第一次給周作人寫了信，周作人當即給以回覆了（見《周作人日記》，魯迅博物館藏，大象出版社出版）。當長之先生提出為自己的論文集請周作人作序時，周作人立即寫了熱情洋溢的長文，而且很快覆信寄出。從周作人所寫的序言對於長之先生的讚揚和期許，見出周作人對於這個青年已經很瞭解，已經建立了比較深的友誼。

長之先生一生崇尚德國古典文藝
理論，是一個獨立的，沒有依附任何
文學集團派別的批評家。特別是在當
時，他只是一個在清華大學讀書的熱
愛文學的青年，他可能會因為自己的
批評文字得罪一些人，但他從來沒有
對於魯迅不敬。按照人情常理，魯迅似
乎不應該對於二十出頭的李長之存有那
麼大的成見和戒心。勉強推測起來，可
能是長之先生當時正服膺德國的古典文
藝理論，崇拜康德、溫克爾曼的「為批
評而批評」的理念並訴之於筆端；而魯
迅的文藝批評理論受蘇聯的階級鬥爭學
說影響，主張文藝批評的階級性。兩人
各自旗幟鮮明，正所謂道不同不相為
謀，魯迅自然和長之先生有了一層隔
膜。尤其是，在這一段時間裏，長之先
生在報紙上多次發表批評所謂革命批評
家的文章，如〈文壇上的黨派〉、〈集
團藝術是集團的嗎〉、〈文藝批評方法
上的一個癥結〉等，表示了與當時的左
翼批評家不同的理論觀點，這順理成章
地引起當時一些被批評者的不滿而向魯

五四時期的周作人

迅傳言，乃至魯迅懷疑長之先生為「第三種人」；再有，這一時期，魯迅正與梁實秋先生筆戰，而長之先生寫了〈梁實秋著偏見集〉的書評，並在梁實秋先生主編的《自由評論》上幾乎每期都有撰稿。魯迅在給長之先生的書信上雖然聲明：「我並不反對梁教授這人，也並不反對兼登他的文章的刊物」（《魯迅書信集》下卷，人民文學出版社，1976年出版），但這恰恰反映了魯迅正是頗在意這些的。另外，這時周作人與魯迅正在鬩於牆，而長之先生恰恰又與周作人交往。周作人為長之先生的文集所作的序，發表在1934年12月8日的《大公報》上，大概也為魯迅所知。雖然「救救孩子」的觀點為魯迅和周作人兩人的共識，但從更深的層面上，魯迅和周作人不僅在人生態度上而且在學術思想上都已經有了裂痕和分歧。既然魯迅懷疑長之先生為「第三種人」，再加上長之先生為梁實秋、周作人所賞識，大概更加深了魯迅疑長之先生之心。

不過，如果孤立的來看，魯迅和周

魯迅和青年作家們在一起

作人對於長之先生的不同態度不能說明或由此得出任何結論。人生在世，有的白頭如新，有的傾蓋如故，難以強求的事情多得很，難以用常理推斷的事也所在多有。在三十年代的文壇上，周氏兄弟兩人都有很多獎掖和幫助青年的佳話，自然也有一些他們並不喜歡並加以排拒的青年的事情存在。我們不能依據抽象的定義來簡單地下結論，認為某某喜歡誰，便如何如何；某某不喜歡誰，便如何如何。有時，人生相處，有緣無緣，緣起緣盡，蒼雲白狗，那是一個很複雜的問題啊！

第三章

白雲流空便是思想片片

——李長之與宗白華

李長之先生熱情好友，朋友也極多。早在清華大學讀書的時候，長之先生在其一篇回憶文章裏就頗為自豪地談起他朋友之多，他說：「在這時，住在北平的寫文章的朋友，差不多都已熟識，這是：卞之琳、李廣田、何其芳、鄭振鐸、李健吾、聞一多、吳組緗、林庚、周作人、朱光潛、楊振聲、沈從文、冰心、蕭乾、徐霞村、梁實秋、郭紹虞、馮廢名、曹禺、曹葆華、巴金、靳以、俞平伯、馮至……，遠方的也有著通訊，例如魯迅、葉聖陶、老舍、臧克家、林語堂、趙景深、杜衡……」。隨著長之先生文學批評事業的發展，他的朋友可以說遍及文學和學術界。在長之先生被打成右派之前，他的家裏經常高朋滿座，談笑風生。在長之先生的朋友圈子裏，宗白華先生處於很特殊的地位。

比如，就長之先生的德文圈裏的朋友說，他與宗白華先生的友誼可稱是特異獨出的。長之先生是在清華大學讀書時研習的德

李長之和他的朋友們

青年時代的宗白華

文。就老師來講，楊丙辰先生給了他很大影響，後來由於楊丙辰先生在抗日戰爭期間的表現，兩人的來往就疏遠了。就同學來講，張露薇、季羨林先生都是他大學時的好朋友，季羨林先生還是他自小學而中學至大學的好友，但由於政治際遇的不同，張露薇先生被錯打成歷史反革命，進了監獄；長之先生被錯劃為右派，受到批判和禁錮；——三個人後來也漸行漸遠了。長之先生與宗白華先生雖然認識得較晚，友誼卻歷久彌深，給了從中年就一直坎坷的長之先生以很大的安慰。長之先生與宗白華先生的友誼，從訂交到逝世都仍一直延續著。

就長之先生的一般朋友而論，他們大都是由於長之先生的批評文章而與之相識的，很少同時又與長之先生的夫人柯柏薰也保持著親密的情誼。唯一特殊的人，就是宗白華先生。

宗白華先生雖然與長之先生的相識也是由於文字之緣，但與柯柏薰女士的相識卻並非由於長之先生，而是另有緣

由。長之先生的夫人柯柏薰是四川彭縣人，出身於一個世家，畢業於四川省立教育學院。她的老師是著名哲學家唐君毅先生的父親，唐君毅先生的父親非常喜愛她，待她如自己的女兒，而唐君毅待她也便像對待親妹妹一樣。宗白華先生是唐君毅先生的老師，唐君毅先生去拜訪老師的時候有時也就帶著柯柏薰女士，因此宗白華先生很早就認識柯柏薰，視柯柏薰如學生。長之先生認識柯柏薰是由於唐君毅先生的介紹，其中的過程，宗白華先生瞭若指掌。宗白華先生之於李長之先生一家，從某種方面來說，也就含有了師生般的情分。

長之先生與宗白華先生的交往是從1938年，即抗戰期間兩人在重慶的中央大學共事時開始的。不過追溯起來，兩個人文字上的交往其實很早，早在上個世紀三十年代初期，在長之先生尚在清華大學讀書時兩人就有了文字上的往來。

長之先生是在清華大學讀書期間研習德文，學習哲學，並開始了他的文學批評生涯的。當宗白華先生等人寫的《歌德之認識》在1933年剛剛由南京鍾山書局發行時，長之先生立即對其進行了批評。像對於所有批評對象所做的那樣，他對於宗白華先生及其作品的批評也是一是一，二是二，絕無避諱顧忌，他說「歌德的《少年維特之煩惱》，是宗白華作的，因為沒有條理，又把故事敘得不多，是遠不如郭沫若譯本上的序的」。「宗白華譯的比學斯基《歌德傳》中的一部，標為《歌德論》，確乎是富有文學的趣味的對作家理解了後的抒寫，那詩的印象，令人覺得比死板的分析真切多了，譯筆也相稱」（見《新月》4卷7期1933.6.17）。在當時的中國，懂德文的學者寥若晨星，而熱愛德國古典文藝美學，同時又有較深厚的中國古典哲學的底

蘊，愛好詩歌創作，可以與宗白華先生進行惺惺相惜地批評的人更是不多見。長之先生對宗白華先生的批評雖然有些尖刻，卻使得宗白華先生如同聆聽到空谷足音般的立即引以為友。

1938年秋天，長之先生從成都來到重慶，做了當時遷往重慶的中央大學校長羅家倫的助教，——其實就是給羅家倫當記錄員。這時由於宗白華先生當時在中央大學哲學系任教授，兩人同處一校，見面的機會增多，來往便密切了。在中央大學這段時間，是長之先生和宗白華先生一生中來往最密切最頻繁的時間。不過，這時宗白華先生在中央大學是名教授，系主任，學問道德文章赫赫有名，而長之先生不過是清華大學剛畢業的一介書生，人微言輕。在中央大學一般的教授眼光裏，長之先生既是羅家倫先生的助教，應屬於職員一類的，因此都很輕視他。宗白華先生是當時中央大學唯一不鄙視長之先生的教授，豈但不鄙視，簡直是非常欣賞。又由於唐君毅先生和柯柏薰女士的緣故，長之先生

李長之在《新月》雜誌上發表
關於宗白華《歌德之認識》書評

和宗白華先生的來往更加親密。

　　但如果深入一層地探索長之先生和宗白華先生之間的友誼的發展，大概兩個人興味和人格方面的契合是更重要的原因。

　　長之先生是山東利津人，宗白華先生是安徽安慶人。長之先生生於1910年，宗白華先生生於1897年，宗白華先生比長之先生年長十三歲。當長之先生尚在清華大學讀書研習德文時，宗白華先生早已從德國留學回國，成為中央大學哲學系的知名教授系主任了。

　　兩人都酷愛哲學，尤其是德國古典哲學和文藝美學。在長之先生的朋友當中像宗白華先生這樣與其興味愛好相投的人並不多。

　　長之先生是批評家，主要從事的是文學批評。對於美術理論，他也頗有造詣，他寫的《中國畫論體系及其批評》雖然只是他在清華大學讀書時的中國美學史課的畢業論文，但在學術界頗有影響。他曾在北平京華美術學院教過美學和美術史，他一生中對於美術的應用批評並不多，僅有的三篇〈呂斯百先生的畫室〉、〈陳之佛教授的花卉畫〉、〈中國美術學院籌備期第一屆美展參觀記〉，都是在重慶時期所寫，其中受有宗白華先生的影響不少。1942年3月29日，呂斯百先生通過宗白華先生邀請長之先生一起去參觀其畫室。宗白華先生在第二天的早晨即寫出評論的文章，題目是〈鳳凰山讀畫記〉，並記其事（見《藝境》，北京大學出版社，1986年出版）。而長之先生則在1944年3月31日，追記此事，撰述〈呂斯百先生的畫室〉，其開頭把事情的原委講得更詳細：「是一個雨後的早晨，3月29號，我正在和幾個朋友談著，大家預備解決的是學生間的一段公案，忽然宗白華先生來了。他夾著手杖和雨傘，戴著樸素的白帽，笑嘻嘻地說：『斯百約你去看

李長之的《中國畫論體系及其批評》書影

畫，並請你吃中飯呢。』我說：『宗先生當然也一定去了。現在是什麼時候？』他說：『現在時候到了。』我說：『咱們一道去罷。』」兩人對於呂斯百先生的繪畫評論的角度不同，宗白華先生是從美學理論上立論，精嚴深刻，而長之先生則寫得熱情中肯，感性的成分多些。其中字裏行間使人感到宗白華先生作為長者將長之先生介紹給美術界的朋友們的拳拳之意。由於宗白華先生的引見，長之先生此時認識了美術界的許多朋友，像徐悲鴻、蔣碧薇、傅抱石、呂斯百、龐熏琴等，長之先生經常與他們一起討論繪畫和繪畫史上的有關問題。

長之先生在這一時期也寫了許多美學和哲學論文，其一生的美學和哲學方面的論文甚至大都寫在此一時期，如翻譯瑪爾霍茲的《文藝科學與文藝美學》、康德的《判斷力批判》、編著《西洋哲學史》、以及改寫《中國古代畫論體系及其批評》，寫〈論中國人美感之特質〉、〈釋美育並論及中國美育

之今昔及其未來〉、〈秦漢之際人們精神生活及其美學〉等論文。美學和哲學論文的寫作固然有長之先生自己的趣味在，也未嘗不是受有宗白華先生的影響和濡染，有些觀點甚至是兩個人「疑義相與析」的結果。

長之先生在1938年發表〈唐代的偉大批評家張彥遠與中國繪畫〉（見《再生》9期，1938年12月4日，10期，1938年12月16日），在其中的「附注」稱：「望讀者並參看宗白華著論《中西畫法之淵源與基礎》，載中央大學《文藝叢刊》1卷2期」。

宗白華先生是專攻哲學和美學的學者，尤其在美學研究領域有很深的造詣，隆盛的聲望。他對於剛剛涉足於此的長之先生給予了厚望和獎掖，不僅在他主編的《時事新報》〈學燈〉上不斷刊載長之先生這方面的論文，而且殷殷揄揚。長之先生寫〈柏拉圖對話集的漢譯〉書評在《時事新報》上發表，宗白華先生在〈編輯後語〉中說：「李長之先生曾在〈學燈〉上發表過一篇〈論思想上的錯誤〉，現在這篇文章仍然表示他的謹嚴，深刻和流利的風趣」。1940年3月28日長之先生寫〈釋美育並論及中國美育之今昔及其未來〉以紀念蔡子民先生，宗白華先生在《時事新報》上刊出此文，在〈編輯後語〉中極為讚賞地推薦給讀者：「我所愛讀的文章，是美而含了一些智慧，聰明而帶了一片熱情。李長之先生談美育問題，看出是一位陶冶於中國古代美育很深，瞭解很透徹的人寫出的。『他之瞭解古人，皆深入而具同情』。這話可以移贈他自己。」宗白華先生的誘掖鼓勵，給了抗戰時遑遑獨處重慶的長之先生在精神上以很大的安慰，在生活上也有了相當的補貼。其時長之先生定期不定期地在《時事新報》〈學燈〉上發

由宗白華先生作序的李長之
翻譯的瑪爾霍茲《文藝史學與文藝科學》

稿所獲稿酬在其貧困生活中的作用，正同於他在北平時獲得梁實秋先生的《自由評論》和沈從文先生辦《大公報》所給予和幫助的。

　　1940年長之先生翻譯了瑪爾霍茲的《文藝史學與文藝科學》，譯序首先發表在1941年1月20日《時事新報》宗白華先生主編的〈學燈〉116期上，宗白華先生加了〈編輯後語〉，稱「德國學者的治學精神有它的特點，一方面他們都富於哲學的精神，治任何一門學問都鑽研到最後的形而上學的問題，眼光闊大而深遠，不怕墜入晦澀艱奧；另一方面卻極端精細周密，不放鬆細微末節。他們缺乏英國人的風度瀟灑，也不及法國人的一清如水。李長之先生譯的這本極有價值的學術著作，也具有這特色。李先生自己的文章向來是簡勁明晰的，所以譯了這本德國書以後，生怕人家説他晦澀，寫了這篇明白曉暢而流利的長序（對話體），替這心愛的譯本辯護。中國所譯歐美專門學術的著作本來就不多，譯了出來也不容易出版。（愈專門

愈有價值愈不容易出版。李君此譯幸喜有識的商務印書館已接受了）李先生
譯了這本有價值的中國還很缺少的文藝科學的名著，還要替自己及原
著寫辯護詞，我是有點感動了」。後來成書時，宗白華先生的跋附於
書後印出。在長之先生一生出版的論著中，序跋全部是由其自己來寫
的，從無有別人的序跋廁身其間的先例，《文藝史學與文藝科學》中
宗白華先生的跋是唯一的例外。由此可以看出長之先生對於宗白華先
生學問道德的服膺和感念。

　　宗白華先生不僅在美學和哲學方面予長之先生以誘引獎掖，而且
在人格精神方面也予長之先生以影響。

　　1940年夏天，羅家倫先生見長之先生不安心在中央大學擔任他的
助教，便推薦他參加《星期評論》的籌備工作。《星期評論》是國民
黨組織部的刊物，由劉英士負責，目的是借文化研究聯絡一些高級知
識份子，它與顧頡剛先生編的《文史雜誌》是姊妹刊。在籌備期間，
長之先生提出約稿人的問題，指出有四個人的稿子不能約，即張君
勱、張國燾、陶希聖、葉青。說如果刊物出現這四個人的稿子，便立
刻退出編委會。開始，劉英士同意了。但過了幾天，劉英士又試探著
說，如果用座談會的形式讓他們發表意見是不是可以？長之先生當即
拒絕，說那也不行。由這個問題，長之先生發現劉英士是一個朝三暮
四不可信任的人，於是產生退意。長之先生找宗白華先生商量，宗白
華先生說：「如果你想走作官的路，他們也許可以送你去留學，那是
另一回事。否則你要知道，一個女人如果被人強姦一次，以後就不止
一次。」長之先生於是定下辭職的決心。

　　長之先生寧肯失業也不願意去《星期評論》辦雜誌，於是，他找

到同是清華大學出身的學長，時任教育部次長的顧毓秀先生，希望謀個教育部研究員之職，以便以此名義繼續在中央大學去做研究工作。顧毓秀先生答應了。正巧，此時長之先生發表了〈批評家的孟軻〉一文，藉著這個機緣，於是由宗白華先生出面推薦，長之先生在中央大學中國文學系擔任了兼任講師，教中國文學批評史的課程。後來長之先生又應梁實秋先生的邀約去編譯館兼職。

長之先生和柯柏薰女士結婚之後，由於各自性格都很剛強，經常發生口角，有時甚至很激烈。對於長之夫妻之間的爭吵，長之先生的朋友們多有勸離的。唯有宗白華和梁實秋兩位先生勸長之先生多反躬自問，多表現男性的風度，也因此，長之先生事後敬重宗白華和梁實秋先生。長之先生的夫人柯柏薰女士也視兩人為長者。長之先生的夫人不善治生，拙於生活，凡朋友來長之先生家做客往往空腹而歸，或者到外面去吃飯。只有宗白華先生來家做客是個例外。那就是，無論家裏做的是什麼飯，做得如何，長之先生的夫人柯柏薰總是很熱情地邀宗白華在家裏吃飯。

抗戰期間，重慶的生活很是艱苦，長之先生的大女兒李詩剛出生，由於夫人缺奶，家境貧窮無錢買奶粉，李詩吃不飽，經常啼哭，急得長之先生團團轉。宗白華先生得知此事，立即拿出錢來給長之先生的女兒買了美國的奶粉，解決了燃眉之急。

抗戰勝利後，長之先生先是隨編譯館去了南京，後經黎錦熙先生介紹，從南京來到北京師範大學教書，而宗白華先生則復員回南京的中央大學，後又調到北京大學哲學系任教。

在長之先生被錯劃為右派之後，很多朋友離他而去了，很少有朋友

敢於登門，他所住的西單武功衛師大宿
舍門前寂寂可以羅雀。而不避嫌疑，不
怕連累，在依然保持著來往的為數不多
的朋友中，宗白華先生是年齡最大的。

　　長之先生剛剛被打成右派時，異常
痛苦，心如死灰。宗白華先生聞訊後當
即從北大擠公共汽車趕去，關切地說：
「長之，你要想開些，要挺住」。「你
有些什麼想不開的事，多講一講，可能
心裏好受些」。宗白華先生知道長之先
生怕連累他，不會去北大找他，便經常
來武功衛看望長之先生。宗白華先生很
少進城，幾乎每次進城辦事或開會都順
路到長之先生家小敘。那時宗白華先生
穿著藍布中式衣服，身掛一綠色帆布
包，隨身雖攜有手杖，卻持而不用，精
神矍鑠，風姿灑然。有一次，在風雪凜
冽的冬日，宗白華先生從北大乘公共汽
車輾轉來長之先生家，僅只是從西單公
共汽車車站到武功衛師大宿舍的幾百米
路之遙，由於大風雪，進家門的時候，
宗白華先生已是從頭到腳一個雪人的樣
子。在長之先生處於煉獄的日子裏，是

宗白華先生在北京大學圖書館前

宗白華先生等人的友誼給了他以慰藉和溫暖。宗白華先生和長之先生的性格中都有童真和樂天的一面，在宗白華先生來訪時，長之先生的小屋裏常常是笑聲朗朗。

「文革」中，長之先生家的房子被造反派霸佔，一家人擠在兩間小屋中生活，房子堆滿了書，空間擁擠窄小，桌子上滿是書和什物。宗白華先生來訪時，茶杯只能放在一個歪歪扭扭的小方凳上。長之先生和宗白華先生緊挨著小方凳促膝而談。宗白華先生講話興奮時，會不停地用雙手持杖頓地。一次，宗白華先生談興正濃，小方凳上的茶杯被他頓地的手杖碰翻，茶水潑了一地，茶杯也打碎了。那個茶杯是景德鎮的細瓷，薄如紙，半透明，顏色細膩如玉，兩位老友略不介意，借此因緣，由瓷又談起了玉，由玉又談起了瓷。在那個萬馬齊喑的年代，宗白華先生和長之先生在那個簡陋的小屋中無所避忌，聊得海闊天空。他們談孔子、屈原、老子、莊子；談司馬遷、劉知幾、章學誠；談梁楷、倪雲林、石濤；談歌德、康德、叔本華、尼采；談貝多芬、莫札特、丟勒、安格爾；如切如磋，如琢如磨，忘卻了世間的煩惱和痛苦，以至有時忘記了時間，忘卻了宗白華先生返回北大需要較多的時間而處於十分尷尬的狀態。可惜的是，這些珍貴的研討，在那個時代既無人旁聽，也沒人記錄，更無從發表，成了無人知曉的廣陵散！

長之先生和宗白華先生在人格和風格上有相同的地方，也有相異的地方。

兩人都學貫中西，既受德國古典美學的影響，又熱愛並對中華文化有深湛的研究。就受德國文藝美學的影響而言，長之先生受歌德

影響深，宗白華受康德影響大。就浸潤於中國古典哲學而言，長之先生服膺於儒家思想，尤其崇拜孔子和孟子，強調他們積極的用世和昂揚的批評精神。他寫有〈批評家的孟軻〉一文，稱孟子有批評家的性格，有批評家的精神，「什麼是批評精神呢？就是正義感；就是對是非不能模糊，不能放過的判斷力和追根究底性；就是對美好的事物，有一種深入的瞭解要求並欲其普遍於人人的宣揚熱誠；反之，對於邪惡，卻又不能容忍，必須用萬鈞之力，擊毀之；他的表現，是坦白，是直爽，是剛健，是篤實，是勇猛，是決斷，是簡明，是豐富的生命力；他自己是有進無退地戰鬥著，也領導人有進無退地戰鬥著」（《苦霧集》，商務印書館，1943年4月出版）。這不啻是長之先生人格精神的寫照。也因此，長之先生的風格體現著的是「天風浪浪，海山蒼蒼。真力彌漫，萬象在旁」，是「積健為雄」；宗白華先生受道家思想濡染較深，於魏晉美學和《世說新語》尤有研究，他推崇魏晉人格精神上的自由主義和自然主義，欣賞風神瀟灑，不滯於物的精神風貌。他寫有〈論世說新語和晉人的美〉一文，稱「晉人的美的理想，很可以注意的，是顯著的追慕著光明鮮潔，晶瑩發亮的意象。他們讚賞人格美的形容詞像：『濯濯如春月柳』，『軒軒如朝霞舉』，『清風朗月』，『玉山』，『玉樹』，『疊珂而英多』，『爽朗清舉』，都是一片光亮意象。甚至於殷仲堪死後，殷仲文稱他『雖不能休明一世，足以映徹九泉』。形容自然界的如：『清露晨流，新桐初引』。形容建築的如：『遙望層城，丹樓如霞』。莊子的理想人格『藐姑射仙人，綽約若處子，肌膚若冰雪』，不是這晉人的美的意象的源泉麼？桓溫謂謝尚『企腳北窗下，彈琵琶，故自有天機真人想』。天際

上海人民出版社出版的
宗白華先生的《美學散步》書影

1982年夏宗白華先生在寓所中與研究生交談

真人是晉人理想人格，也是理想的美」（《藝境》，北京大學出版社。1986年出版）。這同樣也可以看作是宗白華先生的人格精神的寫照。也因此，宗白華先生的風格更多地體現的是「落花無言，人淡如菊」，是「蕭條淡泊」，是「閒和嚴靜」。長之先生和宗白華先生同是熱情而浪漫的詩人，長之先生的詩歌奔放狂飆有散文詩的傾向。宗白華先生的詩歌瀟灑精巧，深含魏晉玄言詩的幽遠之情，玄理綿藐的意象，大都是精嚴凝練的短篇。在各自輝煌的文學生涯中，長之先生偏重於文學的應用批評，他在文學批評上主張批評的體系性和嚴密性，筆鋒帶感情，恢弘揚厲，產量豐富，一生除寫有大量的書評外，其專著《魯迅批判》、《道教徒的詩人李白及其痛苦》、《司馬遷的人格與風格》、《陶淵明傳論》、《中國文學史略稿》等都頗具影響；宗白華先生是美學家，他的美學批評文字偏重於散步式的隨感，紆徐綿密，簡約而有餘韻，寫的文章精嚴不苟，以少勝多，他的〈中國

書法裏的美學思想〉、〈中國美學史中重要問題的初步探索〉、〈論《世說新語》和晉人的美〉等文章，篇幅不長，數量不多，卻篇篇都是近現代美學史上的第一流的論文。

長之先生和宗白華先生都是學者型的文人，夫人又都是大家閨秀，缺乏治生的能力，居室均擁擠混亂。尤其是長之先生的家，文革當中，原來諾大的五間房子被造反派「造反」成兩間，顯得更擁擠混亂了。書架上滿是書自不用說，桌子上放著的是書，床上堆著的是書，床底下也擺著書，環堵都是書，人整個被書包圍了。由於空間有限，可寫東西的唯一的桌子上面自不免騰來挪去。長之先生的女兒李書愛清潔，出於好意，往往忍不住收拾桌子和書架。然而長之先生最反對別人收拾他的桌子，他曾說自己的亂自有一種秩序在。一次大發雷霆之後，長之先生向女兒李書描述宗白華先生家的情況，不無解嘲地說：「你要是到敬重的宗伯伯家看看就知道了，混亂程度較咱家有過之無不及，有時間你可以去參觀一下，經常來家裏的林漢達伯伯家也是這樣的」。不過，長之先生和宗白華先生的居室也還是有些差別，那就是，宗白華先生的家更像一個博物館，一個堆滿藝術品的迷宮。因為宗白華先生搞美學，喜歡文物。其書房除去書之外，到處是古董，所藏都是精品，每一件都有來歷，都有故事，都有美學上的意蘊甚或美學史上的意義。宗白華先生收藏的一尊隋唐佛頭，重幾十斤，曾令徐悲鴻先生豔羨不已。除去抗戰時他把它深埋於地下保護外，一直放在案頭把玩。不過，居室裏面亂歸亂，兩人對於書籍和文件擺放的位置，都有著驚人的記憶，就像電腦儲存著大量資訊，調取隨意，迅捷準確，也如同他們對於文章見於哪本書的第幾頁第幾行一

宗白華先生在寓所中

宗白華先生送給老友惲震的詩作手跡

樣精細，需要的時候，俯拾仰取，手到擒來。

宗白華先生看書，愛書；長之先生也看書，愛書，兩人都是學者型的藏書家，所藏書都以實用為主，不太講究版本。宗白華先生很少在書上塗抹評點，偶有心得，用蠅頭小字，細密批註；長之先生不然，長之先生所看的書很少有不塗鴉點點的，他隨看隨批，中楷行書，揮灑點染，他才不管是什麼版本呢！1946年，長之先生從重慶回到北平，終於買到了他在寫《司馬遷之人格與風格》時夢寐以求而「好幾位先生有著而不肯出借」的《史記會注考證》和日本明治二年所印的《史記評林》。這些書的書品相當好，當時也是歸屬於善本的。但長之先生在上面橫批豎抹，有所思便隨手揮灑在上面，塗得啞啞烏一片。長之先生的行楷寫得不錯，疏朗有致，頗有晉人的氣韻。他的批語多在天頭，字數少時，疏疏朗朗，字數一多，那書也就有些災難了。

長之先生和宗白華先生在處世上

都有稜角，有原則。長之先生的風骨在
外，有山東人的倔強和憨拙，好辯，好
勝，文思敏捷，情感濃烈，對於時事政
治頗為熱心，遇事便發，訴之於筆端而
難免有浪漫天真和偏頗激烈之處，這在
中國的政治文化傳統環境中難免惹禍上
身，難以自保。在中華人民共和國建國
之後的歷次文化運動中，長之先生華蓋
頻頻，屢遭厄運。1957年的「反右鬥
爭」中，長之先生被劃為右派，此後的
二十餘年，歷盡坎坷屈辱，「文化大革
命」中更是被打成牛鬼蛇神，勞動改
造，以至過早地離開了人世。宗白華先
生的風骨內斂，有著江南人的含蓄。一
生淡泊名利，簡約玄遠，堅決不入名利
是非之場，也絕不與名利是非之友為
伍。他有幸在知識份子多災多難的歲月
中，被冷落被邊緣而全身遠害，在落寞
和孤寂之中，守護著美學和藝術的青天
白雲，終於迎來了改革開放。

　　長之先生的身體在「文革」的後期
日漸衰弱，雖然精神尚旺健矍鑠，但類
風濕關節炎使他的手如雞爪樣，無法拿

李長之先生在《杜詩鏡詮》上的批語

宗白華先生在北京大學未名湖畔

長之先生在「文化大革命」中

筆,他的腿腳也行走不便,步履維艱。「文革」前期,當好友宗白華先生來看望他時,他每次都要拄著拐杖送出宿舍好遠。在他當時的住處西單武功衛胡同口,在從西單回北大的公共汽車車站站牌旁邊,兩位老人會健談不已。可是到了「文革」的後期,當宗白華先生離開西單武功衛師大宿舍回北大時,長之先生已經只能送到院子裏了。——宗白華先生也不讓他的老友再送了——他不忍心看著比他小十幾歲的好朋友一瘸一拐的樣子。當宗白華先生悵悵離去的時候,長之先生往往仍然依倚在門框邊,無言地目送宗白華先生離去,有時宗白華已經走了好久,長之先生仍然呆呆地在那裏癡望不動。

長之先生是在1978年的年末去世的。是年秋天,他在家中不慎摔倒,不久得了肺炎,送到醫院後沒有多久便人事不醒,猝然撒手。他有幸趕上了粉碎「四人幫」,看到了中國改革開放的曙光。去世前,他的所謂政治問題雖然還沒有徹底得到平反,但終於摘掉了右

派分子的帽子，因此舉行了遺體告別儀
式。在遺體告別儀式上，長之先生的許
多好朋友趕來參加或送來了花圈，──
幾乎在北京的老友都參加了，有些朋友
是長之先生被打成右派後第一次見到他
的，其狀況使人想起了長之先生生前盛
時的聚會，但那是怎樣的聚會啊，許多
老朋友見了長之先生的遺體痛哭失聲，
而長之先生靜靜地躺在白色的床單上沒
有了感覺。

　　翻查斯年出版的《新文學史料》
中有關長之先生追悼會的消息報導，似
乎宗白華先生沒有參加長之先生的追悼
會。追尋原因，有幾種說法，一種說法
是，當時長之先生的夫人柯柏薰女士認
為宗白華先生已經八十多歲了，身體不
太好，怕他受不了刺激，沒有讓子女把
訃聞發送給他；另一種說法是，訃聞可
能送達，是宗白華先生因為身體不適沒
有參加；還有一種說法是，他不願意白
髮人送黑髮人，所以沒有參加追悼會；
不過更可能的是，他援引《世說新語》
的例子，認為與長之先生相知以心，

安徽教育出版社出版的《宗白華全集》

冥契既逝，中心蘊結，不在乎世俗禮節。不過，這種說法也未必就確切。八年之後，宗白華先生去世，享年89歲。

第四章

不似師生勝似師生

——李長之與朱自清

翻檢朱自清先生的日記會發現一個有趣味的現象：在長之先生就讀清華大學期間，朱自清先生在日記中對長之先生的文筆和為人的記載相當引人注目。比如：

1933年5月16日：「《晨報》有李長之〈評《雜拌兒之二》〉一文，頗扼要。大旨謂平伯生活態度為淡味，又謂其善言沒落之感。又謂平伯對學問亦無甚執著。甚推〈中年〉一篇。但盼望此種冷淡的玩世態度應取回。又謂周豈老亦如此期望云」。

1933年8月12日：「昨李長之來談，謂大眾文學，恐須先用實驗法，看何種文字能為大眾瞭解。其意甚是」。

1933年10月27日：「晚李長之、林庚來談，覺甚枯窘。李頗能為文，昨《文副》上有其評林庚之〈夜〉一文，頗措辭得當。且論作詩不當全以感覺為主，當以感情為主，亦甚妥當。李謂近作〈評王雲五小學生文庫〉一文，玩笑太多，《獨立評論》及《圖

上個世紀三十年代朱自清先生的照片

長之先生在清華大學讀書時的照片

書評論》皆不用」。

1933年12月24日：「晚李長之來談，謂張資平小說好在自然主義的技巧，壞在其中滲入理想。又謂張似有悲觀的定命論。又商楊丙辰先生講演事」。[註3]

從這些日記中，不難看出朱自清先生對於長之先生的器重和欣賞。這種器重和欣賞，不僅在朱自清先生的學生中是難得的殊榮，即使是在朱自清先生對於朋友的評論中也是極為罕見的。此時長之先生23歲，就讀於哲學系；朱自清先生35歲，大長之先生一輪，為中文系教授。

二

長之先生對於朱自清先生非常的欽佩和敬重。

他欽佩朱自清先生的學問，認為朱自清先生的《精讀指導舉隅》、《略讀指導舉隅》都是深入淺出的好書，《經典常談》，尤其是「一部非常可稱道的書，用著最親切的語言，報導著最新的專門成績」。[註4]對於朱自清先生的〈陶

淵明年譜之問題〉，他認為在陶淵明的生平世系的研究中是「帶有總結性質的」註5。他特別敬重朱自清先生的道德和精神品格，他說：「一般人常提到他的〈背影〉，並且因此稱他為散文家，我想這是故意小看了他。他給我印象最深的，卻是〈毀滅〉，──在中國是一首可紀念的長詩。可惜我沒曾接觸過他那奔放的詩人的一段生活。他後期所表現給我們的，是一個學術工作者，一個優良新的教育家。──教育家而有良心，是多麼令人可敬呢！」

　　1936年長之先生從清華大學畢業，很快就應熊慶來的邀請去昆明的雲南大學教書，輾轉到成都，再後來在重慶的沙坪壩中央大學教書。朱自清先生則在抗戰後先是隨著學校到了長沙的臨大，後來奔波到昆明，在昆明的聯大教書。這期間雖然顛沛流離，天各一方，但書信往來不絕，只要有機會總要晤上一面。在昆明，在成都，在重慶，長之先生都曾去拜望過朱自清先生。他感慨於朱自清先生的衰老，酸辛地說：「我去看他，他的頭髮像多了一層霜，簡直是個老人了」。1942年，朱自清和魏建功兩位先生去中央大學，長之先生看到朱自清先生似乎「又恢復了往日的健康，頭髮上那一層霜也像揭走了，又是烏黑烏黑的了」，便像孩子一樣「喜出望外」。他和朋友們熱情奔走，邀請朱自清先生在中央大學講演。當天晚上，由辛樹幟先生請吃鍋貼後，長之先生快樂地與朱自清先生分了手。朱自清先生回到昆明，立即給長之先生回信答謝。朱自清先生的來信，使長之先生感到頗有杜甫所謂「交情老更親」的味道。不久，長之先生在中央大學指導的一個畢業生考取了聯大的研究生院，朱自清和聞一多先生都給長之先生寫了信表示祝賀，朱自清先生還深情地說：「這是你的成績，

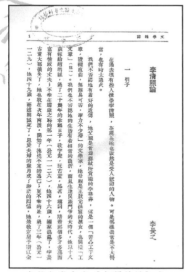

李長之發表在《文學雜誌》上
的〈李清照論〉

1947年朱自清先生一家人在清華園

也是我們的安慰。」[註6]

抗戰勝利後，朱自清先生和長之先生在1946年先後返回北平。大約在朱自清先生回到北平的第六天，長之先生就去朱自清先生臨時的住處——國會街臨時招待所——看望朱自清先生。看到朱自清先生「分外的憔悴，身體已經沒有從前這麼挺拔，眼睛見了風就流淚，」「隨時用手巾拂拭著，發著紅」，長之先生黯然神傷。而朱自清先生則很親切地問起長之先生的母親、太太、小孩的情況，使長之先生感到就像一個慈愛的老人對晚輩的關切。儘管後來朱自清先生搬回清華大學居住，長之先生住在城裏，兩人相隔很遠，但長之先生經常看望自己的老師。由於朱自清先生的夫人陳竹隱和長之先生的夫人柯柏薰都是四川人，兩家的關係更是親近得很。1948年的3月28日，朱自清先生病後剛癒，長之先生帶了夫人和孩子去看望。剛一坐定，朱自清先生就進裏屋拿出一封信和四塊糖。信是朱自清先生的一位老朋友寫來的，內容是朱自清先生向這位老

朋友推薦長之先生發表的〈李清照論〉
而與之討論商榷的。四塊糖則是每人一
塊。朱自清先生的糖沒有吃，於是長之
先生的小孩有了兩塊。因為朱自清先生
的夫人逢巧當時不在，朱自清先生不停
地向長之先生的夫人道歉，還特別和長
之先生的夫人談了一些家常。這是朱自
清先生和長之先生最後的一次見面。

　　朱自清先生仍一如既往地關心著
長之先生的學問進展。他給長之先生的
信中說：「你近年來的散著的批評文
字，我差不多都看了，覺得好！除關
於司馬遷的，我知道要出專書外，如
〈論批評〉、〈談選本〉一類小文，
我覺得也可以集成書，可惜不容易找
出版的地方」（《朱自清文集》第8卷，
江蘇教育出版社1988年出版）。在1946年
寫的〈論誦讀〉一文中，朱自清先生
說：「昨天又在北平《時報》上讀到長
之先生的〈致魏建功先生書〉，覺得很
有興味」。他肯定長之先生的說法，
一則說：「我在別處說過『讀』該照
宣讀文件那樣，但是這句話還未甚顯

1948年朱自清先生一家人在北京頤和園

明。長之先生說的才最乾脆，他說：『所謂誦讀一事，也便只有用話的語調（平常說話的語調）去讀的一途了』。宣讀文件其實就用的是說話的語調。」二則說：「唱曲子講究咬字，誦讀也得字字清朗。儘管抑揚頓挫，清朗總得清朗的。長之先生注重辭彙的讀出，也就是這個意思。」三則說：「所以認真的演出話劇，得有戲譜，詳細注明聲調等等。長之先生提到趙元任先生的《最後五分鐘》就是這種戲譜。」但同時又指出長之先生的文章中的不足：「至於長之先生提到魯迅先生，又當別論。魯迅先生是會說話的，不過不大會說北平話。他寫的是白話文，不是白話。長之先生讚美座談會中顧隨先生讀的《阿Q正傳》，說是『覺得魯迅運用北平的口語實在好極了』。我當時不在場，想來那恐怕一半應該歸功於顧先生的誦讀的」[註7]。1947年，長之先生在《大公報》文史週刊上的〈陶淵明真能超出於時代嗎〉刊出後，朱自清先生 給予了高度的評價，迅速寫信給長之先生說：「昨天讀到你的〈陶淵明真能超出於時代嗎？〉一文，很高興。你說了人家沒有說的話，人家不敢說的話。陶淵明究竟也是人，不必去神化他。自然你注重的是他的因襲，他的不超出於時代。他的變化處你沒有說，因為不在這篇文章範圍以內。你所說的都是極有價值的批評。我盼望你能多寫這類文章。」朱自清先生的諄諄教誨和拳拳之心，讓長之先生十分感動，他說：「在一般人愁苦柴米油鹽之中，生活於風俗日薄，古道日喪之下，誰還能像這樣關心著後進的文字呢？」[註8]

朱自清先生對於長之先生的政治態度也是很為關心的。抗戰結束後，長之先生回到北平，曾一度在《北平時報》編副刊〈文園〉。朱自清先生雖然應長之先生的邀約寄去一首譯詩，但告誡長之先生說：

「時報不是什麼好報啊」。朱自清先生的告誡，對於後來長之先生退出《北平時報》，無疑起了很大的作用。

長之先生後來參加了北平高校反饑餓、反內戰的活動，他在寫〈西晉詩人潘岳的生平及其創作〉一文的附錄中說：「十四日寫畢於因抗暴罷教期中，埋頭工作，祝福傷者！」註9長之先生此一時期反對國民黨的黑暗統治，站在進步的師生一邊，一方面來自於他自己的觀察和感受，另一方面也有師友們的幫助和啟發，好朋友老舍先生是一個，老師朱自清也是其中一個。長之先生曾激昂地説：「有些人對佩弦先生現在為青年所愛戴是大不以為然的，甚而有人説：『這是被包圍』！然而我們敢説這是最惡毒的誣衊，污蔑青年，污蔑佩弦先生！真理只有一個，認識真理的人自然會牽著手前進，誰也包圍不了誰，誰也左右不了誰！正是在這污蔑聲中，我們越敬愛他，越覺得他是一個穩健而堅定的有良心的教育家了」註10。長之先生這裏為朱自清先生的辯護，也正是為當

朱自清先生逝世後，在清華大學舉行的追悼會，前排左一梅貽琦先生，左二馮友蘭先生

李長之發表在《文訊》上悼念朱自清先生的文章

59

時所有正直的知識份子的共識在辯護，反映了他對朱自清先生政治態度的理解。

　　朱自清先生逝世後，長之先生感到無比地悲哀，寫了〈雜憶佩弦先生〉的長文抒發對於老師的感念。他動情地説：「連日的陰風淒雨，更增加了我的耿耿不樂。給我印象那麼清晰的朱先生，竟作了古人」。「佩弦先生的穩健，沒讓他走到聞一多先生那樣的道路，可是他的堅定，始終讓他在大時代的隊伍裏沒錯了步伐（它對於新詩運動的認識之正確，可以說明這一點）；再加上他的虛心和認真，他肯向青年學習，所以它能夠在青年的熱情裏前進著，並領導著。他憔悴，他病倒，他逝去了。可是他的精神沒生過鏽，沒腐爛過，永遠年輕！」註11

三

　　但是，實際上，長之先生並非朱自清先生嚴格意義上的學生。

　　長之先生是在1931年考入清華大學

學生們在朱自清先生追掉大會上唱輓歌

的，先是上的生物系，1933年春天轉入哲學系。他雖然愛好文學，在當時也已經開始了文學活動，但是他並沒有去聽朱自清先生的課。朱自清先生在中文系開陶淵明詩歌的選修課的時候，本來他是有機會，也確實想去旁聽的，但在徵求朱自清先生的意見時，朱自清先生以他習以為常的謙遜的態度說：「沒有什麼意思，不值得聽的」。那時長之先生年少氣盛，信以為真，再加上他不受拘束慣了，即使在哲學系也經常地蹺課；他還聽說朱自清先生常在課堂上讓學生背誦或默寫，錯了扣分，於是他就放棄了去聽課。後來長之先生每每提起此事，都「很後悔沒曾聽」朱自清先生對於陶淵明的講授。

長之先生和朱自清先生的相識是由鄭振鐸先生介紹的。那時鄭振鐸先生身兼清華大學和燕京大學教授，雖然同長之先生年齡懸殊，地位也相差很大，但由於文字上的原因，兩人早已是神交已久的老朋友了。鄭振鐸先生編《文學季刊》，邀朱自清先生當編委，同時也邀了當時還是清華大學學生的長之先生做編委。同時參與其事的還有長之先生的好朋友林庚等。編委會每週舉行一次，會務多半是星期六晚上在鄭振鐸先生家舉行並且吃晚飯。每到這個時候，長之和林庚先生便陪著朱自清先生從清華大學到燕京大學鄭振鐸先生的住處去。聚會結束，又隨著朱先生再踏著月光從燕京回到清華大學。在鄭振鐸先生家聚會的時候，朱自清先生往往比較拘謹，以公事為重，很少談及其他，但在回來的路上，卻同長之和林庚先生談笑風生，無話不談，在談笑中，越過了不好走的小路，然後才快樂地分手。當日的燕京大學和清華大學之間並非如今日交通便利，平坦如砥，而是叢林密佈，山路崎嶇。有時朱自清先生晚上歸來，完全是在長之和林庚先生的簇擁

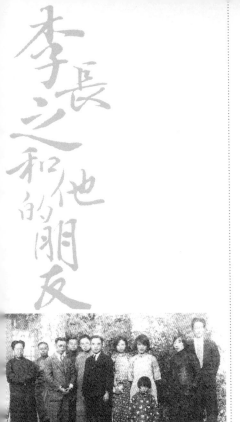

李長之和他的朋友

1933年春天，朱自清先生在鄭振鐸宅前合影，左起：俞平伯、郭紹虞、浦江清、顧頡剛、趙萬里、朱自清、陳竹隱、高君箴、顧頡剛夫人、鄭振鐸

在清華大學中國文學系讀書時的林庚先生

護送下回來的。在朱自清先生1933年9月15日的日記中寫道：「歸時與林庚等多人同行。夜黑如漆，道路崎嶇，持小手電筒前進。電光變幻萬方，或有列闕，如行大野中，平生頗少此感也」。朱自清先生正是在這種情況下發展了他同學生們的友誼。更多的時候是，在清華大學校園裏，長之先生經常在下午四五點鐘的時候去朱自清先生的家裏聊天。聊什麼呢？可以説古今上下，天南地北，賞奇析疑，海闊天空，無事不可以進入話題，無拘無束。李長之先生回憶説：「談天的時候，不但暢所欲言，既不關時局，又不談物價，更沒有愁眉苦臉，而且吃著好茶，有時來一道甜食點心，像蓮子羹一類等等」。註12

著名的學者和自己勤奮的學生聊天，自然和一般人不同。説是天馬行空般地閒扯，其實仍是有一定的範圍和興趣所在的。話題有品位，有濃厚的學術氣氛。像《朱自清日記》所載朱自清先生與長之先生的聊天涉及的就是文學批評和創作原理，是現當代文學作家和作

品的評論等等話題。朱自清先生和長之先生的聊天，既是一種溝通，契合，也是一種碰撞，論辯，否則朱自清先生不會在日記中寫有時「甚覺枯窘」，長之先生也不會負氣說朱自清先生是「王爾德所說不許小孩子做夢的數學教師之流」註13。聊天也是一種學習，這種非正式的學習有時對於學生而言更有意義和收穫。記得啟功先生曾經說過：「跟老師聊天，有時往往比正兒八經聽課收益大；看作家的手稿，往往比看印出來的正式文本更有啟示」。在現代的大學裏，老師和學生的關係有時比較複雜，有的老師上課來，下課走，學生的名字根本叫不上來；有的學生應著名是上這門課，卻從不來上課，或很少上課，只是期末考試來應一下卯。名為師生關係，其實和路人差不多。但也有一些特殊的編外學生，沒有名分，卻通過看文章、聊天，用潛移默化的方式學到了老師的真本領，這可以稱作是沒有師生名分，卻有著師生實際內涵的一類。當時長之先生與朱自清先生大概就是這樣雖不是師生，卻比一般師生有著更多精神的交融和默契的。通過看朱自清先生的作品，通過聊天，長之先生從朱自清先生那裏學到了不少東西，那種潛移默化，耳提面命的收益，遠非泛泛的課堂聽講可比。即以陶淵明的研究而言，雖然長之先生沒有去課堂上聽朱自清先生的課，但是課下的親切接觸，加之他的好友林庚的轉述，同樣激起了他對於陶淵明的興趣和探索。1933年，長之先生在《清華週刊》上發表〈我所瞭解的陶淵明〉一文，──顯然是在朱自清先生的陶淵明選修課的影響下撰寫的。而且，據周作人的日記，1933年9月23日，長之和林庚兩位先生曾去周作人寓所替朱自清先生借《陶集版本考》更證明了這一點註14。俗語說「言教不如身教」。朱自清先生治學的嚴謹是

出了名的。他在講授陶淵明選修課的時候，可以說對於陶淵明集的版本進行了窮極的研究，搜羅了當時所有的版本來閱讀，其中既有購置的，也有從親友處借來的。朱自清先生委託長之和林庚兩人去周作人處借書，他的不苟，他對於版本的重視，對於兩人後來的治學態度的影響比在課堂上泛泛地提倡不知要大多少。

四

如果我們比較一下朱自清先生和長之先生的中國古典文學研究，會發現一個很有趣的共同點，那就是：在兩個人的學術研究中，對陶淵明的研究都佔有突出的位置。

朱自清先生對於陶淵明的研究，在現當代的陶淵明研究史上地位很高，他的〈陶淵明年譜之問題〉、〈陶詩的深度──《評古直陶靖節詩箋定本》〉等，都是現代研究陶淵明的學者必讀的論文。而且就朱自清先生本人來說，對於陶淵明的研究也是他古典文學研究的主要方向。

長之先生對於陶淵明的研究，雖然不像朱自清那麼專注，卻也僅次於他對於司馬遷和李白的研究。而且他的古典文學研究幾乎是以陶淵明開始，又以陶淵明研究結束的。1933年他在《清華週刊》上發表的〈我所認識的陶淵明〉，是他的第一篇古典文學論文，而1953年他以張芝名義出版的《陶淵明傳論》則幾乎是他的古典文學專著的最後的一部。

仔細推究下去，長之先生的陶淵明研究又和朱自清先生有著很大的關係。朱自清先生的陶淵明研究肇始於他在清華大學開設的陶淵

明選修課，大致分為兩個時期：第一個時期是抗戰前。〈陶淵明年譜之問題〉發表於1934年的《清華學報》第九卷第三期，〈陶詩的深度——《評古直陶靖節詩箋定本》〉發表在1936年的《清華學報》第11卷第2期上。第二個時期是抗戰之後。〈日常生活的詩——蕭望卿《陶淵明批評》序〉發表於1946年的天津《民國日報》。長之先生的陶淵明研究則大致可以分為三個階段，第一個階段是發表在1933年《清華週刊》第39卷5、6期合刊上的〈我所瞭解的陶淵明〉。第二個階段是發表在1947年的天津《大公報》上的〈陶淵明真能超出於時代嗎〉和1948《文學雜誌》上的〈陶淵明的孤獨之感及其否定精神〉。第三個階段是以張芝為筆名在1952年撰寫的《陶淵明傳論》和1954年撰寫的〈關於《陶淵明傳論》的討論〉。除去長之先生研究陶淵明的第三個階段，朱自清先生已經逝世，可以說長之先生的陶淵明研究，一直是在朱自清先生的陶淵明研究的引導下進行並相頡頏呼應著的。長之先生〈我所瞭解的陶淵明〉一文的發表，不消說，正值朱自清先生在清華大學教授陶淵明選修課時期，是處在清華大學的學術氛圍中。就第二個階段發表的〈陶淵明真能超出於時代嗎〉和〈陶淵明的孤獨之感及其否定精神〉而言，也是在兩個人分別從昆明和重慶回到了北京又聚到了一起後，長之先生才發表的。朱自清先生一方面對於長之先生的〈陶淵明真能超出於時代嗎〉給予了高度的評價，認為「說了人家沒有說的話，人家不敢說的話」，「都是極有價值的批評」。一方面對於文章的不足之處，朱自清先生也提出了意見，並以他特有的委婉和嚴謹表述道：「自然你注重的是他的因襲，他的不超出於時代。他的變化處你沒有說，因為不在這篇文章範圍以內」[註15]。在給長之先

生的書信中，朱自清先生還提出了研究陶淵明的一個很重要的原則：「陶淵明究竟也是人，不必去神化他」。這就是朱自清先生對於後進研究陶淵明的文章的批評，多麼周到，多麼中肯，又多麼地循循善誘！難怪長之先生在接到朱自清先生的信後感慨萬分，也難怪長之先生在心中更多地把朱自清先生當作恩師，當作教育家視之。

　　「陶淵明究竟也是人，不必去神化他」。這大概是朱自清先生除去他的論文之外，留給我們關於陶淵明研究的最重要的話了。朱自清先生研究陶淵明功底深厚，方法嚴謹，他從文本出發，實事求是，從不說無根之語。他善於從史的高度把握陶淵明的思想淵源，也善於從時代的總體上檢視陶淵明的思想和藝術的位置。比如，他依據古直《陶靖節詩箋定本》中「陶詩用事，《莊子》最多，共四十九次，《論語》第二，共三十七次，《列子》第三，共二十一次」的統計，批駁了沈德潛認為陶淵明是「專用《論語》，漢人以下宋人以前，可推聖門弟子」的結論。他闡明大家所熟悉的「憂道不憂貧」，「舉世少復真」，認為其中的「道」，「真」，其實都是道家的觀念。他指出歷來「以忠憤論陶的，〈述酒〉詩外，總以〈詠荊軻〉，〈詠三良〉及〈擬古〉詩，〈雜詩〉助成其說」，其實「三良」與「荊軻」都是當時「詩人的熟題目」。而且「以上這些詩，連〈述酒〉在內，歷來並不認為是淵明的好詩」。他的結論是「田園詩才是淵明的獨創」，「它究竟是『少無適俗韻，性本愛丘山』的人」[註16]。朱自清先生研究陶淵明的好傳統影響和沾溉了一代學人，被朱自清先生稱為「說了人家沒有說的話，人家不敢說的話」的長之先生〈陶淵明真能超出於時代嗎〉論文的核心也是指出陶淵明詩文並沒有超脫時代，指

出了陶淵明詩文的因襲現象和所受當時
文壇的影響。他説：「在同樣的題目或
題材之中，陶淵明的作品也許是出乎其
類，拔乎其萃，但總是接近於同時代人
或前一時代人所寫的東西的類型」[註17]。
1953年出版的長之先生備受圍攻的《陶
淵明傳論》，雖然寫於朱自清先生逝世
之後，雖然帶有長之先生獨特的濃厚傳
記色彩，但朱自清先生的影響仍然清晰
可見。比如，《陶淵明傳論》的前半部
分，長之先生是從「陶淵明的兩個重要
的先輩陶侃和孟嘉」切入論述的，原因
是他認為「朱自清所寫〈陶淵明年譜中
之問題〉一文」對於陶淵明的「世系年
歲，則只可姑存然疑而已」的觀點，已
經指明了路徑。——「朱自清的文章是
帶有總結性的，這就是説，這個問題就
現有的史料論，已證明是不可能得出明
確的答案了」——於是另外轉換思路，
試圖從「陶淵明的兩個重要的先輩陶侃
和孟嘉」的政治態度中探索新的線索。
在《陶淵明傳論》的後半部分，長之先
生認為陶淵明在政治上「已經過了四個

李長之發表在1947年9月5日《大公報》
上的〈陶淵明真能超出於時代嗎〉一文

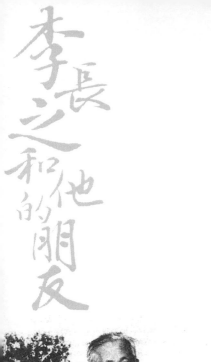

李長之和他的朋友

王瑤先生

李長之以張芝筆名出版的《陶淵明傳論》

朝代，晉改為楚，楚又改為晉，晉又改為宋。要他忠，他實在無從忠起」。「在他所經歷的幾度改變中，有沒有表現他對晉室的留戀呢？雖不能說絕對沒有，但總是在情感上很稀薄的」。而在思想上陶淵明「究竟是一個生長在長期『習尚老莊』而風氣在向崇尚儒術轉變的時代的人物，所以也就不可能在他的思想中沒有道家的成分」[註18]。這些觀點，說到底，也都是體現了朱自清先生「陶淵明究竟也是人，不必去神化他」的一貫的立場和思想方法，體現了朱自清先生影響深刻之處。從這個意義上說，長之先生雖然沒有聽過朱自清先生講授的陶淵明課，但是他卻和親聆朱自清先生的陶淵明課的學生一樣繼承和發揚了乃師的治學路徑。

近代頗有人搞所謂陶學研究。如果近代有所謂陶學的話，如果有陶學的學派的話，那麼，清華大學的陶學研究是一個很值得注意的學術現象。清華大學的陶學研究，梁啟超開其端，陳寅恪、朱自清踵其後，尤其是在朱自清先生開

設陶淵明選修課期間，培養沾溉了許多出色的學者，從而使清華大學形成了現當代陶學研究的重鎮。我們只要看看二十世紀四、五十年代陶淵明研究的學者大都出自於清華大學，很多人都聆聽過朱先生的教誨，當時研究陶淵明最具影響力的著作《陶淵明傳論》的作者長之先生和《陶淵明集》的編者王瑤先生都出自於朱自清先生的門下，就會承認這個事實。然十分可惜，這一師承傳統由於各種各樣的原因，並沒能很好地繼承下來。

註3： 均見《朱自清文集》，江蘇教育出版社1988年出版。

註4： 〈雜憶佩弦先生〉，1948年4月15日《文訊》第九卷第三期。

註5： 《陶淵明傳論》，棠棣出版社，1953年出版。

註6： 〈雜憶佩弦先生〉，1948年4月15日《文訊》第九卷第三期。

註7： 〈論誦讀〉，《朱自清文集》第三卷，江蘇教育出版社，1988年版。

註8： 〈雜憶佩弦先生〉，1948年4月15日《文訊》第九卷第三期。

註9： 《國文月刊》68期，1948年6月。

註10： 〈雜憶佩弦先生〉，1948年4月15日《文訊》第九卷第三期。

註11： 〈雜憶佩弦先生〉，1948年4月15日《文訊》第九卷第三期。

註12： 〈雜憶佩弦先生〉，1948年4月15日《文訊》第九卷第三期。

註13： 《朱自清文集》第8卷，江蘇教育出版社，1988年版。

註14： 《周作人日記》，大象出版社，1996年出版。

註15： 《朱自清文集》第8卷，江蘇教育出版社1988年出版。

註16： 〈陶詩的深度──評古直《陶靖節詩箋定本》，《朱自清文集》第三
卷，江蘇教育出版社1988年出版》。

註17： 〈陶淵明真能超出時代嗎〉，《大公報》1947年9月5日。

註18： 張芝《陶淵明傳論》，棠棣出版社，1953年出版。

第五章

京華塵土送流年

——李長之與老舍

在長之先生的書評生涯中，他所評論的現當代作家作品頻率較多的，除了魯迅先生之外，就是老舍先生了。他於1933年寫的評老舍先生的《離婚》、《貓城記》，於1946年寫的評老舍先生的《四世同堂》，即使不是老舍先生作品的最早的評介，也可歸於其較早期的評論行列之中，而他在1944年和1945年所評論的《貧血集》、《火葬》，迄今也是對於老舍先生這一作品的唯一的書評。

長之先生一生坎坷，儘管曾有過許多作家朋友，但自從他被打成右派，在「文化大革命」中又被打成牛鬼蛇神並於1978年過早地逝世，他生命中最後的20多年時間裏基本上與文化界隔絕，又鑒於身體每況愈下，沒有想到生命結束得這麼快，他來得及為老朋友的離世送行並寫文悼念的人，也許就只是老舍先生一人。

上個世紀三十年代老舍照片

一

　　長之先生與老舍先生的相識，也像長之先生與大多數作家認識的方式一樣，是由於長之先生評論其作品相識並訂交的。1933年，長之先生尚在清華大學讀書，他讀了現代書局和良友圖書印刷公司分別出版的老舍先生的《貓城記》和《離婚》後，在11月3日和12月13日分別寫下關於《離婚》和《貓城記》的書評，前者發表於《文學季刊》創刊號，後者發表於《國聞週報》1934年41卷第2期。其時的長之先生由於正在評論魯迅先生的著作，便很自然地將老舍先生和魯迅先生進行了比較，他在《貓城記》的評論中説：「老舍的諷刺，常使我想起魯迅，他們所注意的對象是非常相似的，所不同的，只是表現的作風。老舍沒有魯迅那末轉折、含蓄，也沒有魯迅那末有力量。魯迅在尖刻濃烈之中，表現著他的強有力的生命。但魯迅是沒有耐心的，所謂『心理清楚』，當然是老舍。如果説詳細，則似乎是，只要看一下，容或魯迅更看

得透徹，深入，但他不耐煩再久一點的觀察的。老舍也極其銳感，他卻更肯仔細，不終缺少力量。」「同是諷刺，魯迅的是挖苦，而老舍的乃是幽默。魯迅能熱烈，老舍卻會俏皮。」「中國的社會是有好多層的。老舍的諷刺之方面雖多，雖全，但限於城市生活的反映。農村有，但缺少。而金融資本主義活動的大市場，他更沒觸著。但也許，他卻得了較為普遍的認識，便是：中國一般的國民性。也就是：灰色的世界中灰色人物的嘴臉。在這方面，他確成功。」「老舍豐富的是智慧，情緒為智慧所掩，力量就缺少。」長之先生將老舍先生與已是文學泰斗的魯迅作品中的諷刺相比較，眼光是非常銳利的，他不僅在比較中闡述了老舍先生諷刺的藝術特點，還從老舍先生和魯迅先生對國民性的認識的異同上，闡釋了兩位新文學運動的健將的文學表現的特性。儘管此時老舍先生的小說創作還處於起步的階段，但長之先生攝魂追魄的批評，的確抓住了老舍先生創作的特點並為後來老舍先生更多的作品所證實。

其時老舍先生在齊魯大學教書，正住在濟南城裏南新街，他的家距長之先生的老家司里街也就是幾條街的距離。老舍先生深感長之先生的評論搔到了癢處，很是贊許，同時也把不同意的地方坦率而幽默地告訴了長之先生，對於長之先生關於《離婚》的批評，老舍先生去信說：「你批評一個人演關公，就只問他演關公怎麼樣，不責備他沒演張飛。只是一些瑣碎之處，可以去掉。」。老舍很欣賞長之先生的批評眼光，經常向長之先生通報自己的寫作計畫。在山東時，只要有機會相聚，老舍先生便把新寫的文章讀給長之先生聽，以徵求意見。老舍先生在濟南寫《牛天賜傳》，正巧長之先生回老家探親，長之先

李長之在《國聞周報》上發表的
評老舍《貓城記》書評

上個世紀三十年代的齊魯大學

生閱讀了《牛天賜傳》的全部文稿。
1935年夏天，長之先生帶著朋友訪問在
青島山東大學教書的老舍先生，老舍先
生迫不及待地將新寫的文章讀給長之先
生聽，老舍先生可能太忘情了，只顧一
對一的讀校，由於時間過長，長之先生
看到那個朋友太尷尬，便只好藉口有事
告辭出來。

老舍先生比長之先生年長11歲。
1933年他們相識時，長之先生剛23歲，
而老舍先生已34歲了，早已是文壇知名
人士。長之先生從一開始就以長輩視老
舍先生。和他同在清華大學讀書的朋友
林庚、季羨林，經長之先生介紹與老舍
先生相識後，也同樣視老舍先生如長者
般尊重。

老舍先生非常關心長之先生的批
評事業。在這前後，長之先生在《北平
晨報》上正在和王雲五先生就「小學生
文庫」進行著筆戰。長之先生認為王雲
五先生的「小學生文庫」是打著為小學
生的幌子，「只是商業意味的出售一大
批賣不出去的書籍，特別價廉，以利誘

人，得之者卻確乎受害無窮」予以口誅
筆伐。在王雲五先生進行答辯後，長之
先生又予以痛擊。王雲五先生當時是商
務印書館的大老闆，是在出版界中跺跺
腳就發生地震的人，長之先生當時不過
是尚在清華大學讀書的大學生，在長之
先生捋虎鬚的的過程中，老舍先生給予
了堅決的支持。他在給長之先生的信
中，盛讚長之先生的勇氣，說：「與王
老闆大戰，如趙子龍大戰長阪坡，渾身
是膽」。不過話說過來，長之先生和王
雲五先生雖然有過這麼激烈的筆戰，
但王雲五先生對於長之先生並沒有心存
芥蒂，後來長之先生的不少著作是通過
王雲五先生的幫助出版的。

　　長之先生是一個率性任真的人。
他在清華大學原是讀生物系的，後來覺
得學習生物學科不能滿足他，便不顧
惜已修得的學分，轉到哲學系就讀。
1935年前後，在他應該畢業於哲學系
的時候，由於他極端憎惡現存的學校制
度，稱當時的大學教育是茶房教育（見
〈德意志語言學家宏保耳特之生平、時代

老舍作品廣告

老舍在濟南

及其思想〉，天津《益世報》文學副刊4期
（1935.3.27）），並輕視文憑，認為自己
之有無價值，並不在那張紙上。所以，
雖然他早就寫好了畢業論文，——〈康
德哲學之心理學背景〉，——但在畢業
考試時，故意離開學校，外出遊玩，那
遊玩之地的落腳處，便是老舍先生執教
的青島。長之先生的這一行為引得他的
好朋友林庚先生非常著急，勸説不過，
便寫信給當時在山東大學的老舍先生求
助。老舍先生接到林庚先生的信後，也
是著急萬分。當長之先生玩到青島時，
老舍先生見到長之先生的第一句話便
是：「我正想給你打電報呢」，嚴肅地
批評了長之先生。雖然長之先生當時用
「反正已經來不及了」之類的話搪塞，
但後來確實採取了補救措施，聽了老舍
先生的話，完成了自己的畢業手續。

李長之和他的

老舍一家在濟南

上個世紀三十年代濟南街景

長之先生帶著朋友許大千去青島
玩時，正值六月底，老舍先生熱情地接
待了他。由於有事，也由於長之先生帶
著朋友，老舍先生沒有能陪他去嶗山，
但給長之先生畫了詳細的乘嶗山長途汽

車的線路圖，又注明回來直赴他家所需的車資。長之先生去嶗山玩了兩天，趕回山東大學後，在老舍先生家盤桓了一整天，兩人談文說藝，然後去拜訪臧克家。晚上，老舍先生請客為長之先生送行，他把當時在山東青島的作家李同愈、洪深、趙少侯、王亞平、吳伯蕭、劉西蒙、杜宇、王餘杞、臧克家等都請了去。除臧克家外，其他人都是長之先生第一次見面的，這是老舍先生特意為長之先生介紹安排的。這次青島之行，長之先生非常感動，回到北平後，他寫了〈青島憶遊〉的散文發表在天津《益世報》上。他說「我不大動感情」，「我尤其不善於寫遊記」，但「那回攪擾的其他友人，也就是所謂擦抹不掉的，頑強的印象吧，對他們真頗感激，所以就驅使我不能不記出來了」（天津《益世報》1935年7月24日）。是時老舍先生正與旅居青島的作家們借避暑的機緣寫〈避暑錄話〉，陸續發表在青島的《民報》上，長之先生在天津《益世報》上發表的〈青島憶遊〉和在《青年

1935年，老舍在青島市金口路（今金口二路二號2）舊居照片

老舍等人發表的〈避暑錄話〉

1945年冬，老舍一家攝於重慶北碚寓所

老舍書法

界》上發表的〈迎夏漫筆〉，可稱是為這一活動敲的邊鼓。

二

抗戰期間，老舍和長之先生的友誼有了進一步發展。

長之先生是1938年從雲南轉道成都再到重慶的，先是住在中央大學的所在地沙坪壩，後來應梁實秋先生之約，到北碚的編譯館工作，並住在那裏；老舍先生是1938年到重慶的，開始居無定所，1943年定居北碚，住在林語堂先生留下的居所裏。由於老舍夫人胡絜青女士從北平到重慶後也在編譯館工作，長之和老舍先生兩家這期間來往得很密切，此一時期老舍先生給予長之先生的影響也最大。

長之先生和老舍先生都是勤奮多產的作家，抗戰期間的創作在他們一生中也都佔有相當的分量。但兩個人的性情和創作狀態有很大的差異。長之先生屬於浪漫型的批評家，他的文筆迅捷是出了名的，遇到報刊來人催稿，他

讓人在桌邊喝茶抽煙，而自己在桌子的另一邊援筆揮毫，片刻立就。他曾經創過一天寫1萬5千字的長篇評論外加兩篇雜感的記錄。但他不想寫時，便幾天不寫一字。老舍先生的寫作生活則一如他的為人，隨和而嚴謹。他的寫作定指標有計劃，甚至可以說是每天定量生產，從不間斷。剛到重慶時，他與何容先生共住一屋，雖然兩人寫作都很繁忙，但互不相擾。何容先生是晚上寫作，白天11點左右起床，而老舍先生是睡得早，起得也早，早上11點左右寫完一天例行該寫的一二千字後，再處理文協的工作。早先長之先生就瞭解老舍先生寫作的勤奮的，他在濟南、青島都耳聞目睹過，但在北碚，他看到老舍先生那種日復一日地寫作態度還是深深被震撼了。他後來在〈送曹禺和老舍〉一文中說：「老舍的寫作生活史簡直是拼命，貧血頭疼瘧疾，沒阻止了他那按部就班地寫《四世同堂》。連字也是那樣不苟，一筆一劃，正如那文句是那麼斬釘截鐵，一字不多不少。我們看見他那一千三百多頁的厚稿，簡直想哭了，這裏不是故事，乃是一個貧血的作家作著輸血給別人的工作。」如果說，早期長之先生評論老舍的《離婚》、《貓城記》只是就文論文的話，那麼，此時，長之先生之於老舍的《貧血集》、《火葬》、《四世同堂》的評論，則是對於作家的人格與風格有了進一步地瞭解，是在非常熟悉作家創作全過程的情況下批評的。

　　長之先生尤其欽佩老舍先生的專業精神，也就是他對於作家職業的執著。在重慶時，許多作家由於生活困難都在兼做其他，以圖補貼家用。老舍先生的生活也異常困難，他在北碚住的小屋「一床一桌一椅，別無長物」。為了省錢，他戒了酒，一度還戒過煙。雖然他主管

文協會的日常事務，是實際的負責人，卻並無薪資，完全是盡義務。他曾經有過多次兼職教學，當公務員，遠較單純掙稿費好的較為穩定的收入的機會，卻都被老舍拒絕了。他說：「我寧可受苦，也不願意改行。往好裏說，這是堅守自己的崗位，往壞裏說，是文人本即廢物。——隨便怎麼說吧，我的老主意。」長之先生是從中國新文藝的發展史的角度來看待這件事的，他在〈送曹禺和老舍〉一文中，在提到曹禺先生同樣也具有這種精神之後，說：「大凡一種專業的成功，如果不把它放在第一位上，那是很難有希望的 。他們以寫作為專業，所以他們個人是成功了，而中國自從有了像他們那樣的專業的作家，中國的新文藝的前途也才有了保障了。」「在中國新文藝的初期，許多作家都是玩票式的」，「現在好了，專業的作家產生了。在職業之中而又有所專注了，這種分工和專精的現象是代表中國新文藝已入了進步的階段，而老舍和曹禺恰是代表」。

　　老舍先生淡泊的人格精神，長之先生也非常佩服，並使得長之先生更加磨礪了自己卓立的操守。長之先生文思敏捷，遇事便發，其文章經常見諸報端。當時的國民黨要人很想拉攏他，教育部長陳立夫曾派秘書段天炯一次送了相當於五個月的薪水給他，希望長之先生在部外擔任一個編輯的名義，替他寫文章，但被長之先生拒絕了。羅家倫先生介紹長之先生去劉英士那裏辦《星期評論》雜誌，長之先生因為該雜誌的非學術傾向而藉故推脫。有些事情，長之先生看破了，拒絕了，而有些事情則不是那麼容易判斷，容易拒絕的。抗戰結束，抗敵文協改為全國文協，張道藩另組全國作協，他力邀長之先生加入「作協」。在長之先生徘徊不決的時候，老舍先生提醒了他。後來，長之

先生回憶說「如果不是聽了老舍的話，我就要加入了」。

　　由於長之先生經常與老舍先生相處，老舍先生的政治立場和態度對於長之先生的影響也很大。比如，原先長之先生是很少看《新華日報》的，但他眼見老舍先生由看《中央日報》而《大公報》而《新華日報》，後來非《新華日報》的消息不相信。長之先生也便開始閱讀《新華日報》，開始接觸以前他很少接觸的資訊。有時，他也和老舍先生一起討論文藝界的問題。一次，長之先生讀到葉聖陶先生的《西川集》，感受到葉聖陶先生的文字中表現的反抗精神，便和老舍議論說：「逼得老實人也說話了」。當長之先生看到像老舍先生那樣善良的人，那樣有人緣而又善於周旋的人，國民黨特務還是跟蹤著，思想上觸動很大。有一次，老舍先生到復旦大學去演講，如果不是馬宗融保鏢，幾乎挨了打，使得長之先生進一步認識到國民黨政府的腐敗，也投入到重慶進步作家的運動中去。

　　抗戰時在重慶的長之先生可以說是貧病交加。先是在中大任羅家倫先生的秘書，後來經宗白華先生的推薦在中大擔任專任講師，講授文學概論和中國文學批評史。那時他剛結婚，很快便有了孩子，長之先生的母親和弟弟也從山東來到四川依賴他生活。為了家庭的生活，他應梁實秋先生之邀去北碚的編譯館兼職上班。由於勤奮勞碌，他的身體越來越差，再加上日本的飛機經常夜襲，孝順的長之先生經常在深夜的冷空氣中，急行軍似地由學校宿舍跑到家裏拉著母親入防空洞，他的身體不能支持了。先是咳嗽，後來痰裏有了血，病倒了。但長之先生一直硬撐著。在長之先生最為困難的時候，抗敵文協送來了一部分醫藥費，其名義是讀者向作家的捐贈。這不啻是雪中送炭，令

抗戰時期的重慶

中華全國文藝界抗敵協會機關刊物
《抗戰文藝》

長之先生非常感動，也感到受之有愧。正在猶豫，老舍先生告訴他，「治好了病，寫文章抗日。身體也是抗日的本錢」。他聽從了老舍先生的話。長之先生作為批評家向來獨往獨來，強調獨立的批評精神，有較深的忽視讀者的傾向，這次他不僅感受到讀者對作家的關心，覺得以後再寫東西時，是不能不顧到讀者了，也更感受到抗敵文協這一集體的溫暖。這其中自然有老舍先生的體貼在。其時抗敵文協所做的工作很多，給長之先生送藥的事本不過是其中微不足道的一件小事，然從中亦可看出老舍先生的工作極細極微，對朋友的一片真誠，又可見當時中華全國文藝界抗敵協會在文化界的抗日統一戰線所做工作的成效。誠如茅盾先生所說：「如果沒有老舍先生的任勞任怨，這一件大事——抗戰的文藝家的大團結，恐怕不能那樣順利迅速地完成，而且恐怕也不能艱難困苦地支撐到今天了」（〈光輝工作二十年的老舍先生〉）。

抗戰期間，中華全國文藝界抗敵協

會在重慶開展「保障作家生活」的運動，提出了「千字斗米」的稿酬標準的問題。長之先生寫〈保障作家生活之理論與實踐〉予以回應，他說：「在不久之前，重慶市內的文藝界同志，為保障作家生活問題有過座談，《中央日報》曾為這事有過社論，《大公報》又有老舍先生關於這事的星期論文，我們可以看出這事在作家方面所感到的迫切和社會上人士所寄予的同情。我很感奮，我於是有三點意思想說：一是想指明這事之重要，二是想指明解決的方法只有求諸政府，三是附帶重說的則希望政府在合理範圍內給作家們以更大的自由」。文章的結尾更是直言「世界上向來沒有危險的思想，只有危險的政府」（見《苦霧集》）。這由作家的生活問題直接引導到反迫害的鬥爭上的思想，未嘗沒有老舍先生的影響在。

在重慶的時期，是長之先生思想轉變的重要時期，他由戰前篤信德國文藝思想到開始懷疑德國文藝思想，由鄙薄唯物辯證法到尊重唯物辯證法，由相信國民黨政府到懷疑並進一步看清它的本質，開始傾向於共產黨和新民主主義，這期間老舍先生的影響是很大的。

三

1946年，經費正清教授的介紹，應美國國務院邀請，老舍和曹禺先生赴美講學。長之先生是時已隨編譯館復員南京，住在雞鳴寺，聞訊後在2月17日深夜撰文，寫下〈送老舍和曹禺〉，4月1日發表於《大公報》。這篇文章可以說是用現代語言寫的古式贈序類文體，其中充滿對好友曹禺和老舍先生的殷殷之情，更多的則是對五四以來的新文化運動，對抗日勝利後中國的新文化建設充滿著熱望和期待。

李
長
之
和
他
的
朋
友
何

　　1949年10月1日中華人民共和國成立，10月13日老舍先生起程回國，年底回到了北京。回國後的老舍先生來看長之先生。是時長之先生已在北京師範大學中文系任教，住在石駙馬大街宿舍。兩人見面都很激動，各自述了別後的事情。老舍先生講了他在美國和海外的經歷，講了他回國的過程。長之先生也講了他在1948年經歷的抉擇。在北平即將解放的時候，他的好朋友梁實秋先生離開北平去了廣州然後到了臺灣。長之先生也曾經得到國民黨當局的通知，讓他離開大陸飛往臺灣工作。但他沒有去，他堅定地迎接了解放。為了他的安全，師大的進步學生將他安置在學校保護起來。長之先生相信自己選擇的路沒有錯，在1949年4月4日，他連續寫了五首詩歌：〈快樂的日子〉、〈保衛世界和平會議〉、〈給暴風雨中的人們〉、〈擦亮了槍〉、〈世上只有一條路〉。其中〈保衛世界和平會議〉以何逢為筆名發表在《進步日報》上。他的〈世上只有一條路〉這樣寫到：「世界只有

柯　靈　楊云慧　陳伯吹　黃嘉音　張駿祥　黃嘉德　鄭振鐸　顧仲彝　徐蔚南　姚蓬子　王辛笛　徐調孚　唐弢　馮亦代　袁水拍　戈寶權　吳江之的　殷敍易華　夏衍　樂以衍　趙家璧　丁英健吾　李健吾吳祖光　黃佐臨　趙景深　郭紹虞　費正清　許廣平　曹禺　老舍　葉聖陶　林　華

老舍和曹禺赴美國講學，途經上海，「抗敵協會」上海分會舉行歡送會，會後留影

一條路/反動不是路/中間沒有路/人類
的先覺/幾千年在摸索/現在看清楚了
/明明白白擺著/確確切切在著/世界只
有一條路/不能倒退/不能旁顧/走慢了
不行/性急了也容易出毛病/只有大踏步
/腳著地/面向前/世界只有一條路」。
詩寫得明晰果決，真實地表達了長之先
生對於自己選擇的道路的理性判斷和決
心。長之先生興奮地向老舍先生講了自
己的選擇，同時又以他特有的批評家的
眼光向老舍介紹了新中國文藝界的發展
狀況。長之先生的夫人見到老舍也很興
奮，與老舍也是有很多話說，不斷打聽
胡絜青和孩子們的情況。老舍先生告訴
長之先生的夫人，胡絜青正帶著孩子從
重慶北上，不久就會來到北京。老舍幽
默地說：「絜青畢業於師大，現在長之
在師大教書了，將來她來北京不能再叫
長之了，得執弟子禮了」。說得大家都
笑起來。長之先生的夫人那次特意作了
四川菜並燉雞給老舍先生吃。

　　1950年，老舍先生當選為北京市文
聯主席，長之先生任北京市文聯理論組

老舍和曹禺在美國合影

北京市東城區豐盛胡同10號（現燈市口西
街豐富胡同19號，自20世紀50年代初期開
始，老舍一直在此居住，目前是「老舍紀念
館」。

組長。兩位老朋友雖然掛名在一起工作，可由於老舍先生的行政工作繁忙，長之先生在學校裏的教學任務也很繁重，除了開會碰面外，見面的機會反而很少了。

　　1957年年底。老舍先生偕同茅盾、邵荃麟先生在翠華樓宴請長之先生。席間，老舍先生曾表達希望長之先生出面辦一個刊物的意思，被長之先生婉言謝絕了，——其時老舍先生並不知道長之先生在北京師範大學的處境，以為長之先生有幸躲過了反右的劫難，實際上那時長之先生已經處於被批判的四面楚歌中。長之先生自知在劫難逃，第一次拒絕了好朋友的建議。果然不久，長之先生被補上了右派的黑名錄。從此，他被剝奪了寫作和教學的權利，也失卻了和許多朋友們的聯繫，其中自然有老舍先生。

四

　　長之先生在文革中受到了很大的衝擊，他被戴上高帽子遊街，被逼迫站到桌子上接受批鬥，被打入牛棚勞改。儘管他患有嚴重的類風濕關節炎，手腳已經變形，但仍被逼迫刷水房，掃廁所，掃樓道。在這期間，雖然被迫停止了筆耕，在潮濕、狹窄的居室中，長之先生仍然孜孜不倦的看書；他被迫停止了教課講學，卻在所讀的浩繁的書籍中留下了大量的批註，讀書的習慣依然如故。像做所有的事情認真不苟一樣，長之先生每天例行打掃廁所樓道，也按時上下班，工作得井井有條。他打掃樓道中的水房，按照所受到的生物試驗及哲學上的嚴格訓練，似乎有一定的操作體系：每天一定是先裏後外，先左後右，先沖刷，後打掃；手由於變形握不住掃把，他就把掃把抱在懷中，蹣

珊地一步一步地挪，一下一下地掃，僅
是一個水房，他就打掃一上午。有時實
在累得不行了，他就拄著掃把默默地直
直腰稍稍站一會兒。那時有一個學生由
於家裏在「文革」中也遭了難，經常在
水房中拉小提琴派遣苦悶，長之先生也
便在打掃樓道的間隙中拄著掃把默默地
傾聽。長之先生天性開朗，樂觀，也許
是所遭受的人間的磨難太久太多吧，文
革中的長之先生似乎像他在反右派運動
中被打成右派時一樣，在屈辱和迫害的
面前從未喪失過生活的信心和希望。然
而，諸多的文友在「文革」中被迫害致
死，給予長之先生內心的衝擊很大，尤
其是老舍先生之死。

　　老舍先生之死對於長之先生的打
擊、刺痛實在是太大了。從舊社會過來
的長之先生，在解放戰爭中義無反顧地
選擇了共產黨和社會主義的新中國，他
覺得共產黨好，社會主義好，只有社會
主義能夠救中國。他也像一些自由主義
知識份子一樣，因為在成長和探索的
過程中有徘徊，有曲折，有思考，而

「文化大革命」中，紅衛兵在北京國子監
孔廟大成殿前焚燒所謂「四舊」，老舍和
許多作家藝術家被押至此地批鬥

北京太平湖舊景，由於城市規劃早已被填平

最終才選擇跟著共產黨，因此有一種原罪感，他接受知識份子需要改造的說法。他在「三反五反」中寫檢查，在評《武訓傳》中寫檢查，在反右鬥爭中寫檢查，在「文革」中寫檢查，長之先生都堅強地走過來了，沒有想到過死。但老舍先生的被迫自殺，使長之先生心灰意冷，百思不得其解。他知道老舍先生不僅是好人，而且是一直擁護共產黨，跟著共產黨走，並為社會主義的新中國文化事業建立下功勳的人。尤其是，老舍先生是長之先生眼中可以真正稱得起是天才的文學藝術家，那是中國文化界的寶貝式的人物。如果說連老舍先生這樣的人都是「牛鬼蛇神」的話，那麼世上還有什麼好人？還有什麼人是擁護社會主義的？如果像老舍先生這樣的天才作家都要被打倒，還有什麼天日可言！1966年8月的一天，在聽到老舍先生自殺的傳言之後，下午，長之先生打掃完樓道，沒有直接回家，而是出校門，過馬路，繞道來到了太平湖。——那時北太平莊的太平湖尚存，就在北京師範大學的南邊。一汪湖水，波光如鏡，周圍雜樹翠微，白楊蕭蕭。在慘澹的夕陽的餘暉中，長之先生見到三三兩兩神色異常的人群，或聚或散，竊竊私語。明白了傳言是實。在太平湖湖畔，人都散了，長之先生仍徘徊良久，很晚很晚才從新街口輾轉回到西單武功衛的住處。到了家，他沈默著，坐在破籐椅上一直吸著煙斗，神色十分凝重。深夜，他才對老伴講起老舍先生之死。

1978年，《新文學史料》雜誌創刊，長之先生收到了約稿信。這是自1957年「反右鬥爭」後長之先生第一次收到約稿的函件，這意味著他的被禁錮開始鬆動了。不久，老舍骨灰安放儀式追悼會召開。長之先生也收到了請柬。這請柬使長之先生百感交集。喜的是老朋友得

以平反，從老朋友得以平反的事，他看
到了曙光；慮的是自己仍是戴罪的牛鬼
蛇神之身，雖然摘了右派分子的帽子，
仍是另冊人物，二十餘年了，被拒於社
會之外，遠離社交，如何去見那些往日
的朋友們，他們現在怎麼樣了？身患類
風濕關節炎所造成的行動不便，難以赴
會，倒是他所慮的次者。

　　在參加追悼會的前一天晚上，長之
先生輾轉難眠，鋪展稿紙寫下了〈憶老
舍〉的短文。那時長之先生的家被造反
派占去的房屋還沒有歸還，一家擠在不
足二十平方米的小屋中。長之先生坐在
椅子上，伏著破爛的可以折疊的小桌子
上揮筆。由於類風濕關節炎，長之先生
手拘攣如雞爪狀，已經很難握筆了。常
人很難想像長之先生是在怎樣一種境況
下寫出他對朋友的不盡思念和懷想的。
寫完後，長之先生覺得字跡太難辨認，
便讓二女兒李書騰寫後給老舍的夫人胡
絜青送去。後來這篇心淚交織的文章登
在了《新文學史料》的創刊號上。

　　第二天清晨，長之先生由兒子李

1966年8月24日，老舍投太平湖自盡

長之先生在老舍先生的追悼會上，
右第二人長之先生

89

禮背著，長途跋涉，來到八寶山公墓。祭奠禮堂外的工作人員雖不知道長之先生是何許人，但一見長之先生父子二人風塵僕僕，舉步維艱的模樣，馬上迎了過來，請長之先生到前面去，說那兒有黨政要人，長之先生搖頭；希望他到大休息室，長之先生搖頭，他向工作人員提出：我只有一個願望，我想見家屬，見孩子們。長之先生一見到迎上來的老舍夫人胡絜青和孩子，老淚縱橫，多少話不知從何說起，緊緊地拉著胡絜青女士的手，泣不成聲。老舍先生的夫人胡絜青也拉著長之先生的手，哽咽無語。

從長之先生被打成右派的1958年始，到舉行老舍先生骨灰安放儀式的1978年，整整過去了二十年。這二十年中，長之先生僅能通過廣播電臺報紙刊物知道摯友老舍先生的點滴消息，卻從未再晤過面。他本來有多少話要向這位老朋友述說，到如今，終於可以見面了，見到的卻是老舍先生的骨灰，拉著的卻是老舍先生的未亡人的手。遙想當初他們相識時，風華正茂，互相期許，一個是作家，一個是批評家，都在文壇上激揚文字，馳騁狂歌。中華人民共和國建立後，老舍先生沐浴春風，在話劇舞臺和文聯的工作中鞠躬盡瘁，筆耕不輟，誰料屈死於「文革」；長之先生則一路風雨，在高校講壇上辛勤耕耘，那支健旺的筆過早地折斷於所謂的「反右鬥爭」中。如今在追悼會上，兩人相見了，卻物是人非，何堪回首！此時的長之先生在老舍先生的追悼會上，心潮起伏，無語凝噎。在粉碎「四人幫」後的一系列活動中，長之先生依稀看到了新的時代的曙光，感受到了新的時代的召喚，多麼想重新拿起筆以舒己志，以鳴盛世啊，卻深深地感到身體不濟，去日苦多，這怎能不讓他在參加老朋友的追悼會上觸懷傷情，涕

淚丸瀾！此刻的長之先生感到從未有過的疲憊，似乎在低徊沉重的哀樂聲中聽到了老友的呼喚。

幾個月後，長之先生溘然離開了人世。

第六章

世路干戈惜暫分

——李長之與梁實秋

長之先生是在1936年與梁實秋先生相識的。其時，長之先生26歲，而梁實秋先生已33歲了。

倆人的相識緣於文字之交。1935年梁實秋先生發表了《偏見集》，長之先生隨即在《國聞週報》上進行了評論。在條分縷析地評說自己同意之處和不同意之處後，他指出梁實秋先生的《偏見集》的缺點是「倫理的立場太過，而哲學意味的美學的根據還太少」，而「一個批評家卻是寧當重在後一個方面的。」（李長之〈梁實秋著《偏見集》〉見《國聞週報》11卷5期）先是聞一多先生看到了長之先生的文章，寫信告訴當時在青島大學教書的梁實秋先生說，有個清華剛畢業的同學的批評文章很有見地。梁實秋先生找來文章看了，他也很欣賞長之先生銳利的眼光和文筆的明晰，便去信聯絡。後來梁實秋先生對長之先生說，那篇評論是第一次他的熟人看穿了他的缺點的。在梁實秋與朱光潛先生

梁實秋與夫人程季淑

梁實秋

聞一多先生在三十年代的照片

的爭論中，長之先生也參加了討論，他在由梁實秋先生主編的《北平晨報》〈文藝副刊〉上發表文章，稱自己的意見「寧近於朱先生」，因為「一，美學原理可以應用到文學上去；二，文學的美不限定在文字的音，色；三，美善不當側重，倘若側重，我寧重美。」（〈我對於美學和文藝批評的關係的看法〉《北平晨報》〈文藝副刊〉第十二期1937.3.29）長之先生雖然在討論中更接近朱光潛先生的觀點，但這反而使梁實秋先生更欣賞長之先生，從此，他引長之先生為知己，開始交往起來。

長之先生雖與梁實秋先生在文藝理論上有距離，梁實秋先生的理論淵源於美國的白璧德，是古典主義立場；長之先生的理論淵於德國的古典文藝美學，持浪漫主義態度。但兩人在許多理論問題上又有著接近和交叉。比如，梁實秋先生站在新人文主義古典派的立場上，對五四新文化運動給予了批評，認為是「浪漫的混亂」（〈現代中國文學之浪漫的趨勢〉見《梁實秋論文學》）。

長之先生則認為五四運動是啟蒙運動，
說它「有破壞而無建設，有現實而無理
想，有清淺的理智而無深厚的情感」
（〈五四運動之文化的意義及其評價〉，
見《迎中國的文藝復興》）；梁實秋先
生主張文學批評應該是一種判斷，主張
古典主義的批評，「頭腦必須清晰，方
法必須審慎」（〈里斯多德以後之文學批
評〉，見《梁實秋論文學》），長之先生
則在強調浪漫的同時，也主張批評「自
有體系，自有律則，自有術語，有公共
的是非，而無一家的偏見」（〈文藝與
科學的距離及其關涉〉，見《夢雨集》，
商務印書館，1945年8月出版）。對於當
時的左翼作家和批評家，梁實秋先生用
人性論和他們的階級論進行了激烈的論
爭，而長之先生同樣也對左翼無好感，
斥之為「淺妄」，認為不配稱批評家；
兩人的這些觀點都游離於當時批評界的
主流派之外，顯得有些不合時宜，因而
各以空谷足音視對方，更加深了惺惺相
惜之感。

　　長之先生的批評尤其強調一種批

李長之發表在《國聞周報》上的批評
梁實秋《偏見集》的書評

三十年代的朱光潛先生

李長之在梁實秋主編的《自由評論》
上發表〈我所認識于孫中山先生者〉

清華大學文學社1921年成立照片，
右一梁實秋，左二聞一多

李長之與清華周刊編輯部成員合影，
左四李長之

評精神，也即批評的獨立性，他說「真正的批評家，大都無所顧忌，無所屈服，理性之是者是之，理性之非者非之」（〈產生批評文學的條件〉，見《苦霧集》）。梁實秋先生在這一點上給長之先生以有力的支持。長之先生寫的〈我所認識的孫中山先生者〉，是在1931年八月考大學時因為要考黨義，他在閱讀了孫中山先生的著作後，對照當時的現實所寫的感想。文章寄出去，「在國民黨的刊物就以為我的態度不敬，在非國民黨的刊物就以為我的態度偏袒」，到處不要。為此，長之先生將題目曾改為〈孫中山先生的書和人〉，再改為〈為孫中山說句公平話〉，又改為〈孫中山的真面目和真價值〉……，一拖六年，仍沒有地方發表。後來，長之先生把稿子交給梁實秋先生主辦的《自由評論》，《自由評論》按原文照發了。梁實秋先生還在〈編者後記〉中熱情洋溢地給以鼓勵說：「李長之先生是《夜宴》、《長之論文集》等的作者，承他最近寄來這篇文章，我們很感

謝。胡適之先生說得好：『上帝我們尚且可以批評，何況國民黨與孫
中山』（見《人權論集‧序》）。我們根據同樣的立場發表了李先生的
文章。」（〈編者後記〉，《自由評論》）1936年第3期）長之與梁實秋先
生的友誼就是這樣建立在共同的志趣上的。

　　但兩人成為莫逆，還有其他的原因，比如，長之和梁實秋先生都
出身於清華大學，梁實秋先生是1914年入學，1923年畢業；長之先生
是1931年入學，1936年畢業。而且，兩人都主持過《清華週刊》的文
藝欄目，可謂同道。所以，當也是清華同學的聞一多先生一介紹，兩
人就傾蓋如故。而且，兩人共同的愛好也很多，像抽煙，愛吃魚，喜
愛散文，在中西貫通中對中國文化的熱愛，等等。

　　不過，兩人雖然有那麼多相似之處，但當時兩人在身份、聲望
上差距是很大的。其時，長之先生只是在文學上剛剛嶄露頭角的窮學
生，而梁實秋先生已是社會名流，北京大學的教授了。尤其是，梁實
秋先生的家庭屬於殷實的中產階級，而長之先生清華大學畢業時父親
剛剛去世，一時找不到工作，家庭生活很是艱難，身為家庭老大的長
之先生過早地挑起了家庭生活的重擔。因此，在長之與梁實秋先生的
交往過程中，雖然友誼是互動的，在實際生活上卻一直表現著梁實秋
先生盡自己之可能處處幫助照顧長之先生的這一特點。

　　1936年梁實秋先生主編《北平晨報》文學副刊，長之先生用「失
言」為筆名寫過多篇短文。他的著名的〈道教徒的詩人李白及其痛
苦〉一文的重要章節就是在《北平晨報》上發表的。梁實秋先生編
《自由評論》時，每期還特意給長之先生留下20元的版面，而且即使
文章沒有寫出來，也可以予支稿費。條件的確是夠優厚的，考慮得也

很周到。長之先生在《自由評論》上發表了不少文章，最主要的是自傳體的回憶錄──《社會與時代》，他從出生寫起，一直寫到來北京負笈考大學為止。像對待長之先生發表的其他文章一樣，梁實秋先生也給以熱情地介紹，說：「李長之先生的自傳《社會與時代》共有五章，我們這一次發表的是第一章，其餘四章以後也打算在本刊上陸續發表」。「一個青年的誠實坦白的自述，是難能可貴的」（〈編者後記〉，《自由評論》1936年第33期）。後來，長之先生回憶起這件事，一直心存感激。有一次，他忘情地對女兒李書說：「梁實秋先生幫助人，是很體貼人的，不直接給錢，怕你自尊心接受不了，而是通過你的勞動給你報酬，當時真是雪中送炭啊！像梁實秋先生對我就是這樣的。」後來，梁實秋先生又給長之先生介紹了新的工作，即到中華教育基金會作德文翻譯，長之先生的譯著──康德〈關於優美與壯美的考察〉一文就是這個時候翻譯的。

李長之在梁實秋主編的《自由評論》上發表的傳記體散文《社會與時代》

長之和梁實秋先生的友誼既沒有影響他們文學批評上各自獨立的觀點和品格，也沒有影響到各自的政治立場。梁實秋先生是民社黨員，有一次，他曾勸長之先生加入，被長之先生拒絕了。還有一次，梁實秋先生告訴長之先生，張君勱先生想見他，也被長之先生謝絕了。

<h1 style="text-align:center">二</h1>

抗戰爆發後，長之先生應熊慶來先生之邀，與吳先生一起去雲南大學講課。不久，由於長之先生在《宇宙風》雜誌上發表〈昆明雜記〉一文引起風波，被迫離開雲南，來到四川。先是在成都，後來到了重慶，早些時候在中央大學羅家倫先生手下任助教。不久，由於宗白華先生的推薦，也由於他發表了〈批評家的孟軻〉一文，擔任了中央大學國文系的講師，不久升任副教授。住在沙坪壩。

梁實秋先生在抗戰中，先是在漢口國民參政會工作，後來隨機關遷往重

抗戰時期的重慶

抗戰時期梁實秋在重慶北碚

99

慶，在國立編譯館主持教科書組、社會組和翻譯委員會，住北碚。沙坪壩和北碚雖都屬重慶地區，但在戰亂期間，交通很是不便，長之先生和梁實秋先生經常只是書信往來。不過，有一件事情使得李長之與梁實秋可以朝夕晤面了。

1944年底，長之先生結婚了。不久，家中因為夫妻關係、婆媳關係的緊張，弄得長之先生心情惡劣，再加上寫作的勞碌，日本飛機又常來夜襲，長之先生常常在冷空氣中急行軍似的由學校宿舍跑到家裏拉著母親入防空洞（為了寫作方便，當時他一人單獨住在學校宿舍）。長之先生得了肺病，最初是咳嗽，兩三個月不癒，後來發現痰裏有血。長之先生聽了醫生的囑咐，不敢起床。而且覺得教書是呼吸粉筆灰的，說話費力，對肺也不太好。他想換一換環境。而這時梁實秋先生所在的編譯館在北碚，因為那附近有溫泉，照例是養肺病的地方。長之先生就想去編譯館工作了。梁實秋先生十分歡迎，本來以前他就曾約過長之先生，曾寄來過兩次聘書的。1945年的春天，長之先生來到了北碚。梁實秋先生安排長之先生任編譯館的編審。當時編譯館沒有嚴密的翻譯計畫，只要是西方古典名著，自報公議，便可以進行。長之先生提出要翻譯康德的《判斷力批判》，由德文譯出，再由英譯本校對。梁實秋先生很欣賞長之先生的魄力和能力，便定了下來。長之先生很努力，他本來幹事就快，再加上朝夕伏案，當長之先生與梁實秋先生離開北碚時，長之先生的《判斷力批判》譯稿已用毛筆工整地抄了三大厚本，但是，時局匆匆，再加上一直動亂頻仍，長之先生的雄心壯志——發願翻譯康德的批判三書的譯本始終沒有完成——這是長之先生的遺憾，也是學界的遺憾。

在長之先生與梁實秋先生的合作中，雖然兩個人一直真情相待，親密無間，但不知為什麼，總是有頭無尾，有命無運。比如，梁實秋先生主編的《自由評論》，長之先生是主要的撰稿人，有時一期的文章長之先生所撰竟然可以占去三分之一。但後來由於梁實秋先生給長之先生介紹去中華教育基金會譯書，長之先生有了職業，便沒有時間再為《自由評論》撰稿，《自由評論》失去了重要而固定的稿源竟然垮臺。梁實秋先生介紹長之先生去中華教育基金會譯書的事又因為長之先生所譯康德的〈關於優美和壯美的考察〉一文不合基金會主持者關琪相先生的意也吹台。還有一件事，是這樣的：1945年，抗戰面臨勝利，有著商人靈活頭腦的王雲五先生立即盤算由商務印書館編一套中小學課本在全國發行，他約梁實秋先生操辦此事。梁實秋先生先是約謝冰心編撰，但一個月後，謝冰心先生把予支稿酬退回，表示第一冊第一課編不出來。這也難怪，因為在這之前，由梁實秋先生主持的小學國語國家審定本就受到過批評，説第一冊第一課「來，來，來上學」的幾個字筆劃太多，不便初學。梁實秋先生於是又找到長之先生，長之先生二話沒説，應承了下來。經過幾個月的努力，長之先生完成了厚厚的八冊書稿。其中第一冊第一課是這樣的：「去，去，去上學」。這較前國家審定本到底有多大的改進不得而知。但書稿交上去了，沒有出版，後來連書稿也不知下落了。

長之先生雖然到了編譯館上班，但由於夫人和女兒（其時長之先生已經有了大女兒李詩）住在中央大學，長之先生不能馬上辭掉中大的課，所以事實上，在1945年的春天，長之先生是兩頭兼職，擔子比以往更重了。可是在精神上，長之先生擺脫了家庭的苦惱，鬆了一口

氣。長之先生的圍棋就是在這個時候學會的。雖然他一直是處於初段水平。那時梁實秋先生的駐地雅舍有許多棋迷,像陳可忠、張北海、汪紹修、蔣子奇先生等都是。有一次空襲警報發佈,眾人都避入防空洞,汪紹修與蔣子奇先生下棋正在興頭上,視若無睹。不久,門窗震盪,瓦礫橫飛,蔣子奇先生堅持不住,想要離開。被汪紹修先生一把拉住,說「你走?你要先認輸」。長之先生有時也與梁實秋先生下,兩人下的水平差不多。

不久,梁實秋先生又兼任中央大學文學院院長,勸長之先生在中文系仍然任教。並經他與顧毓秀(當時中大校長)先生商定,把長之先生的工資提升三級。這其中當然有長之先生業績和才華方面的原因,也未嘗沒有顧及到長之先生家庭生活困難加以照顧之意。

三

長之先生的夫人柯柏薰,四川人,是唐君毅先生父親的學生,由唐君毅先

抗戰時期重慶的街道

生介紹給長之先生的。她聰敏單純，卻不善於和人交際，婚後婆媳不和，與長之先生更是經常吵架，長之先生為此痛苦萬分。究其原因，主要還是兩個人性格都太強的緣故。所幸圍繞長之先生周圍的朋友像宗白華、梁實秋、季羨林先生都有些女權主義的味道，一發生糾紛，往往勸長之先生忍耐，分派長之先生的不是，因此，這婚姻雖然維艱，卻一直維持下來。

在長之先生結婚不久的時候，梁實秋先生的夫人程季淑也來到了重慶。此時梁實秋與長之先生都帶著家眷，但由於長之先生家庭氣氛不諧和，再加上梁實秋先生夫人的賢淑，實際上在兩家的來往中，梁實秋先生來長之先生家的時候少，而長之先生去梁實秋先生家玩的次數多，有時是去吃飯，有時是閒聊，但有時也是去訴苦或排解苦悶。在不少次長之先生夫婦的衝突中，梁實秋先生都以大哥的身份加以勸解。有一次，長之先生夫婦又大吵了，起因是正在長之先生伏案寫作時，夫人買菜回來，將菜筐往桌上一摜，其中的豆芽、白菜撒了一桌，濺污了稿紙，夫婦遂相悖蹊。 正巧季羨林先生來訪，便趕緊拉著長之先生出門。季羨林先生是長之先生的同鄉，又是自小學而中學而大學的同學，非常要好，他見出事態嚴重，便徑直拉著長之先生去梁實秋先生處。梁實秋先生明瞭事情原委，便對長之先生說：「太太冒著暑熱出去買菜，乃辛苦事，你若陪她上菜市，歸來一同洗弄菜蔬，便是人生難得的快樂事。作學問要專心致志，但夫妻間也需要一分體貼。」一席話，說得長之先生默默無言，風波總算過去了。梁實秋先生性格溫厚，伉儷情深，他也往往以自己的生活體驗，去推測別人的家庭生活。但長之先生夫婦間的戰事後來一直不斷，只是長之先生再

也不在梁實秋先生面前提起，免得梁實秋先生又以大哥哥的立場去說教。但梁實秋先生信以為真，以為自己的勸說真的奏效了。

四

抗戰勝利後，時局並不像人們所想像的那樣樂觀，於是在編譯館復員南京不久，梁實秋先生便先回到北平在師範大學教書。不久，長之先生經黎邵西先生介紹，也來到師大教書。當時師大將部分教員安頓在西四的廣濟寺西北的大跨院裏。長之先生分得三間。此處離梁實秋先生的家，——內務部街20號不遠——梁實秋和長之先生兩人長來長往。按照慣例，長之先生仍常到梁實秋先生家去談天、下棋、吃飯。

1947年，梁實秋先生主編天津《益世報》「星期小品」專欄，邀約長之先生寫稿。「星期小品」每星期出一期，稿源緊張，梁實秋先生便叫他的孩子抄了長之先生原在《中央日報》上發表了的《雞鳴寺小品》中的幾篇臨時應付。《雞鳴寺小品》原共10篇，在天津《益世報》上發的是〈序〉、〈說狗〉、〈吃是故鄉好〉、〈表〉、〈牆〉、〈官僚的臉譜〉、〈煙〉、〈水〉，順序較《中央日報》稍有改動，刪掉了〈飛〉、〈論友情〉，而又另寫了〈跋雞鳴寺小品〉作結。長之先生在《中央日報》上發表時的筆名是何逢，梁實秋先生將筆名改過，改以蕭麗之名。蕭麗，小李也。梁實秋大李長之7歲，平日，也就這麼稱呼他。

《雞鳴寺小品》原是長之先生在南京時所寫，其時長之先生隨編譯館復員來到南京，住在離雞鳴寺的不遠地方。工作之餘，長之先生

經常和梁實秋、季羨林、隋樹森等好友在雞鳴寺附近玩耍。《雞鳴寺
小品》中的一些篇章的情景正是梁實秋和李長之等人在南京共遊的實
錄。長之先生在〈跋雞鳴寺小品〉中追憶這段愉快的日子說：「有時
煮點咖啡，有時大吃西瓜，最常聚談的是羨林、礦甫，和實秋先生全
家。除了黃昏時有這樣談笑風生的快聚之外，另一件痛快的事，要算
我們白天裏只要靈機一動，立刻丟下工作，去到太平路和夫子廟逛書
店了。就是下著雨，我們也常是披了雨衣，走到鼓樓，遇見所謂野雞
汽車，就登上出發了。假如遇見什麼好片子，回來時便總捎帶著看一
場電影。南京繁華地方的夜景也很美，有一回，已經夜裏十二點了，
忽然乘著友人的吉普車去兜了一下風。這生活在當時已經覺得有趣，
現在回想更覺值得記下。」梁實秋先生在天津《益世報》的「星期小
品」專欄上不僅重登了長之先生《雞鳴寺小品》，也發了隋樹森等
先生的有關雞鳴寺的散文，可見，這既反映了他對長之先生小品的欣
賞，也未嘗沒有借長之先生小品，懷憶共同往事之意。

　　長之先生在「星期小品」上還寫了〈再談選本〉（《益世報》
1947.7.12「星期小品」1期）、〈好書談〉（《益世報》1947.12.14「星期小
品」22期）、〈寫信難〉（《益世報》1948.1.4「星期小品」24期）等文
章。長之先生的散文風格與梁實秋先生不同，梁實秋先生的散文雅
潔，簡淨，紆徐縝密，富於一種古典主義的理性精神。而長之先生的
散文則熱情，流暢，更充滿年輕的生命的張力和浪漫。如果比較一下
梁實秋先生的〈談友誼〉（《雅舍小品續集》）和長之先生的〈論友
情〉這同一題目的文章，則兩人風格之不同，判然涇渭。有趣的是，
長之先生的稿件與「星期小品」一直相隨始終。從第一期登載長之先

生的〈再談選本〉始，到最後的第24
期登載〈寫信難〉止，長之先生的小品
文與梁實秋先生的小品文共首尾，頗有
些相依為命的味道。而這與當時梁實秋
先生主編《自由評論》時由於失去長之
先生固定的稿源而風流雲散，很有些近
似。

　　1948年冬，解放軍包圍了北平，北
平的知識份子何去何從，眾説紛紜，分
化激烈。梁實秋先生很恐慌，對長之先
生説，共產黨會殺他，要離開。此時長
之先生閱讀了一些馬克思主義著作，尤
其是通過生活的實踐，其政治立場發生
了很大轉變，他不僅對國民黨政府失去
信心而厭惡，而且對共產黨將建立的政
權充滿希望，便向梁實秋先生解釋，説
絕對不會，但梁實秋先生不信。正巧，
梁實秋先生的老朋友陳可忠先生此時任
廣州中山大學校長，約梁實秋先生前去
教書，時間緊迫，梁實秋先生倉皇南
下。臨行時只來得及函告長之先生。梁
實秋先生到廣州後，立即收到長之先生
信，在信中，長之先生對不及相別，很

梁實秋和夫人程季淑在臺北寓中

是惋惜，再次勸告梁實秋先生不要走，認為北平不僅是做學問的地方，也是自由呼吸之所。但梁實秋先生還是終於由廣州而去了臺灣。

　　長之先生一直很想念梁實秋先生。1955年他曾向臺灣來的學生打聽梁實秋先生的下落，當時從臺灣來師大讀書的學生李永壽、陳培基（均中文系畢業生）告訴長之先生，梁實秋先生在臺北師範學院教書，他的兒子在北大數學系當助教。長之先生放心了。但當時梁實秋先生在大陸是「資本家的乏走狗」，又是逃到臺灣的反動文人，長之先生是不能有任何表示的。

　　不過有一次，長之先生在解答二女兒李書初中《語文》課本上〈資本家的乏走狗〉一文的困惑時，明確向女兒説，世上的事情很複雜，當時也有當時的背景，對一個人的判斷有時很難根據某一個人的某一句話下結論。特別是在晚年，淒涼而悲慘的長之先生在「文化大革命」中被打成「資產階級反動文人」、「老反革命」，在他因類風濕性

「文化大革命」中李長之與夫人柯柏薰被「造反派」趕在擁擠狹小的小屋中

關節炎行路蹣跚，不得不經常在西單武功衛那荒涼的院落裏躺在籐椅上，叼著煙斗，陷入沉思時，他往往喃喃地回憶起老朋友，這其中一定有梁實秋先生吧。

長之先生死於1978年12月28日，其時在祖國的大陸，「四人幫」已經被粉碎，百廢待興，他趕上了朝霞初起的黎明，卻沒有等到改革開放的陽光燦爛，等到可以與老朋友聯繫的時候，便撒手西去。

梁實秋先生去臺灣之後一直惦念著大陸的朋友，這其中當然也有長之先生。1981年，梁實秋先生的女兒梁文薔女士赴大陸訪問，梁實秋先生特意叮嚀尋訪一下冰心、季羨林和長之先生的消息。梁文薔女士找到了冰心和季羨林先生，但沒有打聽到長之先生的下落（梁文薔〈我的父親梁實秋〉，三聯《生活》週刊，2007年3期）。不久，常風先生給梁實秋先生去信並寄去1948年十月二十三日北平懷仁學會善秉仁在王府井安福樓招宴的照片，根據背面的題識，梁實秋先生才知道長之先生已經去世，立即寫文追憶。梁實秋先生在臺灣寫文追憶大陸的作家一共有四人，一個是老舍，一個是冰心，一個是沈從文，再一個，就是李長之。

1948年十月二十三日北平懷仁學會善秉仁在王府井安福樓招宴的照片，右一李長之，右二 梁實秋

第七章

芳桂當年各一枝

——李長之與巴金

長之先生和巴金先生的相識和分手都與《文學季刊》有關。

1933年秋天，章靳以先生應立達書局的邀約編大型文學刊物《文學季刊》，正在他感到從資望和能力上難以勝任的時候，鄭振鐸先生來到北平任燕京大學和清華大學的合聘教授，靳以先生便去燕京大學鄭振鐸先生的住處邀請他來擔綱此事。章靳以先生與鄭振鐸先生是舊交，又有師生之誼，再加上鄭振鐸先生參與主編的《文學》雜誌在上海辦得越來越吃力，鄭振鐸先生便痛快地答應了。他對靳以先生說：「《文學》在上海的處境一天天地困難，有許多文章都被『檢查老爺』抽掉，我們正好開闢一個新的陣地，這個陣地敵人還沒有注意到，可以發揮作用」（靳以〈和振鐸相處的日子〉，見《人民文學》1958年12期）。

鄭振鐸先生在文學出版界人緣好，威望高，很快便聯繫了相關的一批文學界人士。

1933年章靳以先生照片

鄭振鐸先生照片

徐悲鴻先生為鄭振鐸先生畫的素描肖像

他不僅將此資訊與魯迅、朱自清、沈從文等教授、學者通報，取得了他們的支持，而且吸收了燕京大學、清華大學的在校文學青年參加。鄭振鐸先生是燕京大學國文學會文學年報的顧問，又是清華大學中國文學會的委員，因而很快便一呼百應。號稱清華大學「四劍客」的文學青年李長之、林庚進了編委會，吳組緗、季羨林則列名為特約撰稿人。

由於鄭振鐸先生的努力，《文學季刊》的編撰隊伍陣容浩大齊整，編委會中有朱自清、俞平伯、吳晗、巴金、靳以、林庚、冰心、沈櫻和李長之，而特約撰稿人竟達百十人之多！魯迅、瞿秋白、胡適、周作人、林語堂等都參加了，寫散文的有魯迅、梁實秋、豐子愷、麗尼；寫小說的有巴金（歐陽鏡蓉）、老舍、張天翼、吳組緗；寫詩歌的有卞之琳、林庚、臧克家、廢名；寫戲劇的有曹禺、李健吾；搞研究的學者則有郭紹虞、吳晗、鄭振鐸、黎錦熙等等，可謂人才濟濟，群星璀璨。其中既有南方的作家，也有北方的作家，

尤以北方的作家學者為主，這與上海的《文學》正好相反。儘管有的特約撰稿人直到《文學季刊》終刊也未寫一字，但在上個世紀三十年代文學戰線鬥爭激烈，派系林立的時期，《文學季刊》能夠延攬南北文化精英和不同學術觀點的人一道參與刊物的編撰實屬不易。長之先生在1934年12月寫的〈一年來的中國文藝〉中稱《文學季刊》「特色是大，是多。編輯，編輯多；撰稿人，撰稿人多；篇幅，篇幅大。號召的聲勢也是大的」（《民族雜誌》1935年第3卷1期）這正是鄭振鐸先生的團結力和凝聚力所致。

但這個龐大的編撰陣容也有兩個缺陷，一是由於人多混雜，具有統一戰線性質，誠如鄭振鐸先生所早已注意到的「作風未必完全相同，觀點未必絕對的無歧義」（「發刊詞」見《文學季刊》創刊號1934年1月）而容易產生矛盾，難以長期合作；其二是編委會中雖有多人，但實際專職辦事的人只是靳以先生一人而已。由於聯絡不便，編務上的事只能

《文學季刊》創刊號上所開列的編輯部人員組成和特約撰稿人名單

111

李長之和他的朋友

巴金

巴金在沈從文家中

取其大體一致或臨時專斷。前者的缺陷隨著刊物的發展，矛盾日益顯露，最終成為導致停刊的原因之一；後者則由於巴金先生來到北平得到了部分解決。

巴金先生初到北平時，先是住在剛剛結婚的沈從文先生的新居，後來得到靳以先生的邀請，便搬到三座門大街14號住，那是靳以先生的家，也是《文學季刊》的編輯部，又離印刷廠很近，從此《文學季刊》的日常編輯工作實際上就由靳以和巴金先生共同負責。長之先生和巴金先生的相識即始於此。

《文學季刊》創刊號在1934年1月1日出版了。有趣味的是，創刊號竟然有三個版本：一個是未經檢查官刪除的樣本，即1月16日魯迅先生收到的鄭振鐸先生寄給的「未刪改本《文學季刊》」（《魯迅日記》下）；一是雖經檢查官刪除但仍原始完整的創刊號；還有，就是再版時巴金先生抽掉季羨林先生評丁玲《夜會》的稿子、部分廣告以及封底編委會和特約撰稿人名單的再版本。寄給魯迅的「未刪改本」我們現在已經無

法看到了。《文學季刊》的初版本，國
內各大圖書館也鮮有收藏，現國家圖書
館收有其初版本。初版本和再版本的鑒
別很容易，那就是，封面上的「本期執
筆人」的名錄中有季羨林名字的是初版
本，把季羨林名字換成「餘七」（巴金
筆名）的就是再版本。《文學季刊》創
刊號的再版本起碼有三個版本之多。這
在中國現當代期刊史上頗為罕見。

二

鄭振鐸先生約請長之先生做《文學
季刊》編輯委員會成員，負責的是書報
副刊部分。

參加《文學季刊》編委會期間，正
是長之先生的文藝美學思想和批評寫作
走向成熟的過渡時期。

從對於德國文藝美學的研習來看，
在這之前，長之先生雖然陸續翻譯了克
羅采《文學史和方法論》，歌德《童
話》及《赫克爾特傳》中的〈論風景
畫〉，薛德林《大橡頌歌》，但都零碎
而不系統，只不過是文學藝術愛好者

初版的《文學季刊》封面，封面上本期執
筆人有季羨林先生的名字

再版的《文學季刊》封面上刪去了季羨林
的名字，換成了餘七（巴金筆名）

的模樣。但他在《文學季刊》上發表的瑪爾霍茲《文藝史學和文藝科學》就不同了，這是一部探討現代文藝史方法論的流行著作，「本書的主旨並不在對於這一門科學的文獻給出一個目錄學式的或別種巨細不遺的鳥瞰來，那無數的有價值的而且必要的研究，只要他與方法上的建立無關，我們是不觸及的」（《文藝史學與文藝科學》原著者序）。此書的翻譯不僅表明長之先生對文藝理論和文學批評方向的最終選擇，也表明他潛心研究德國古典美學和文藝理論，並從而確立自己文藝理論體系和方法的開始。後來，在1943年，他完成了《文藝史學和文藝科學》翻譯的全部，並由商務印書館出版。

從對於中國古代文論的研習來看，他在《文學季刊》創刊號上發表的〈王國維文藝批評著作批判〉標誌著長之先生文藝思想的另一個源頭──中國古代文藝理論──研究的開始。在中國的批評家當中，學貫中西，既對於西方的文學理論有深入的理解和把握，又對於中國的古代文論有著深湛的研究，將兩者結合起來研究中國文學史上的現象的學者不多。而長之先生在《文學季刊》上發表的〈王國維文藝批評著作批判〉及翻譯的瑪爾霍茲《文藝史學和文藝科學》表明他文學理論的雙重來源所自，表明他的文學理論和文學批評一開始便建立在紮實和科學的研究基礎之上的。

文學批評既是一門學問，也是一門藝術，它是需要表現形式的。每一個文學批評家都有自己的批評形式和批評風格。從批評的表現形式和論文的寫作方法來看，長之先生這時也找到了正確的路徑，確立了自己的風格。他在《魯迅批判》後記中說：「在我最早的批評文字，是印象式的，雜感式的，即興式的，我有點厭棄。此後的一期，

是像政治、經濟論文似的，也太枯燥，
我總覺得批評的文章也得是文章，我
的批評老舍的《離婚》（1933年11月3日
作，發表於《文學季刊》第一期），就是
一個新的嘗試」（《魯迅批判》北新書局
1936年出版）。如果説長之先生的批評
文字兼有著哲學家的明晰和散文家的優
美，有著一種浪漫的熱情的風格的話，
他的評老舍的《離婚》相對於他的早年
的作品就是標誌性論文。當然，一個批
評家風格的成熟是一個過程，需要一定
的時間來完成，參加《文學季刊》編委
會期間正是長之先生文風轉向成熟的關
鍵時期。蝴蝶翩躚，來源於蠕蠕幼蟲，
而《文學季刊》時期則是羽化的重要階
段。

　　值得注意的是，在評老舍的《離
婚》期間，也正是長之先生構思系列的
現代作家叢論之時：「已是去年春天的
事了（指1934年，筆者按），當時中國的
作家論還不盛行，書局或雜誌的編輯也
還沒以這為轟動讀者耳目的號召，我忽
然打算就中國幾個在青年的印象上頂深

李長之先生在《文學季刊》上發表的評老
舍先生《離婚》的文章書影

的作家，——加以批評起來，其中當然有魯迅」（《魯迅批判》序）。雖然這一工作由於一些原因只完成了《魯迅批判》，但其計畫則是發軔於編輯《文學季刊》之際的。

三

長之先生在《文學季刊》的編委會中工作沒有多久，發生了這樣一個波折：就是創刊號上原發表了的季羨林先生所寫的關於丁玲《夜會》的書評，在再版時由巴金先生擅自抽掉了。這一舉動沒有經過編輯委員會同意。尤其是，季羨林先生的稿件原是長之先生邀約並經過編委會同意發排的，長之先生是編委，又是書評副刊的主持，稿子撤銷而長之先生沒有與聞，自然悻悻然。

這一事件的經過情況，1934年3月25日的朱自清先生的日記中也有記載：「下午振鐸兄見告，靳以、巴金擅於季刊再版時抽去季羨林文，又不收李長之稿。巴金曾諷即成式評家，見季刊中，李匿名於《晨報》中罵之云」（朱喬森

季羨林三十年代的照片

《朱自清全集》第九卷，江蘇教育出版社，1997年出版）。可見巴金先生未通過編委會擅自撤出季羨林先生的稿件是事實，鄭振鐸先生也認為巴金先生的做法欠妥。鄭振鐸和朱自清先生對巴金和長之先生而言都是長一輩的人。因此，對於這一事件都是以長者的身份觀察和敘述的，應該說比較客觀。不過，鄭振鐸和朱自清先生所敘也有失誤之處，即：在《北平晨報》上載文攻擊巴金先生的並不是長之先生，而是瞿冰森。

1996年，季羨林先生在〈悼念沈從文先生〉的文章中回憶了此事，但他的說法是這樣的：「我同沈先生打交道，是通過一件不大不小的事情。丁玲的《母親》出版以後，我讀了覺得有一些意見要說，於是寫了一篇書評，刊登在鄭振鐸、靳以主編的《文學季刊》創刊號上。刊出以後，我聽說，沈先生有一些意見，我於是立即寫了一封信給他，同時請鄭先生在《文學季刊》創刊號再版時，把我那一篇書評抽掉。也許是就由於這一個不能算是太愉快的因緣，我們就認識了」。（見《懷舊集》北京大學出版社1996年出版）。季羨林先生的說法後來被蔡德貴的《季羨林傳》所採用（見《季羨林傳》人民出版社2000年出版）。但季羨林先生的回憶可能有些錯誤，比如，他批評丁玲的作品是《夜會》，而不是《母親》。此文刊載在《文學季刊》創刊號「書報副刊」欄中王淑明先生評《子夜》和長之先生評《離婚》的文章之間；他把《文學季刊》再版時抽掉其稿件說成是他的主動行為，說成是通過鄭振鐸先生之手而與巴金先生無關，不符合事實。如果稿件真是他主動請求鄭振鐸先生撤掉的，那麼巴金先生的做法就不是鄭振鐸先生所說的「擅於」，而長之先生在1935年出版《魯迅批

丁玲在1933年第一次印行
《母親》時的廣告

丁玲三十年代照片

判》時為此動怒並與巴金齟齬也就無從談起了。尤其是，2002年遼寧美術出版社出版了季羨林先生的《清華園日記》，在1934年3月25日和26日的日記中，關於此事有著明明白白的記載：「《文學季刊》再版竟然把我的稿子抽了去。不錯，我的確不滿意這一篇，而且看了也很難過，但不經自己的許可，別人總不能亂抽的。難過的還不只因為這個，裏面還有長之的關係。像巴金等看不起我們，當在意料中，但我們又何曾看起他們呢？」「因為抽稿子的事情，心裏極不痛快。今天又聽到長之說到幾個人又都現了原形，巴金之愚妄淺薄，真令人想都想不到。我現在自己都奇怪，因為自己一篇小文章，竟惹了這些糾紛，惹得許多人都原形畢露，未免大煞風景，但因而也看出究竟。」看來，早先季羨林先生日記的敘述，比他後來的追憶要準確些。

長之先生是一個浪漫且重感情的人，當時他與吳組緗、林庚、季羨林在學校號稱「清華四劍客」，友情甚篤。

季羨林先生由於和長之先生是同鄉，又是自小學而中學而大學的同學，感情更是深一層。長之先生當然不能無視巴金先生的舉動，他之維護季羨林先生，正如巴金先生之維護丁玲先生然。他向巴金先生問罪了，然而巴金先生不僅沒有讓步，反而連長之先生自己的稿子——〈茅盾創作之進展的考察及其批評〉也拖延著不再發排，同時巴金先生還拿來他以「餘七」為筆名在《文學季刊》創刊號的補白——〈論批評家〉一文——故意問長之先生生不生氣。長之先生反唇相譏說：「批評家的文字，有包花生米的，但不一定是我的。正如小說家的文字也有包花生米的，但不一定是老兄的，我生氣做什麼？」

巴金先生〈論批評家〉的文章雖短，但尖銳犀利，具有相當的針對性，並不單是衝著季羨林先生的文章而發的，他說：「批評一篇文學作品，不去理解它，不去分析它，不去拿一個尺度衡量它，單憑自己的政治立場，甚至單憑自己的一時的印象，這絕不是批評，

季羨林發表在《文學季刊》創刊號上的批評丁玲《夜會》的文章書影

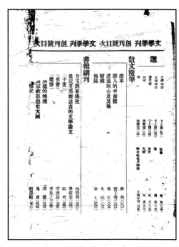

季羨林發表在《文學季刊》創刊號（初版）上的文章目錄頁，《文學季刊》再版時將季羨林的文章刪除，補上餘七（巴金）的文章

這只是個人的讀後感。事實上也許這個人根本就不懂得文學和藝術，也許這個人根本就不曾體驗過生活」。「幾天過後，這些所謂批評文章就被人用去包花生米和鹹菜去了，同時他們所攻擊過的作品還依然在讀者中流布，並沒有受著損傷」。因為巴金先生抨擊隨感式的批評的確是批評界氾濫的現象，對此，長之先生深有同感，並對巴金先生的批評也有著理解。他在同一時期的文章中也說「不願意去理解理論的文章，是沒法自己作理論文章（批評）的，不能夠理解理論的文章，是沒法理解一個作品的。這就無怪乎當前的批評界，即使對於僅可致力的作品的批評，也只有隨感錄式的了，他抓不住作家的思想，心情，和技巧的中心，他無從論到優劣，他只有不相干的書本的印刷上或定價上的隨感」。「出自這些人之手裏的批評，便是作家所不能忍耐的隨感式的批評了」（〈論目前中國批評界之淺妄──我們果真是不需要批評麼〉《現代》1934年4卷6期）。可見，兩個人的觀點是一致的。但作為批評家，長之先生同時認為，一方面批評家要自強，「實生活，分析的腦筋，健全的知識，有力的筆，缺一不可」，另一方面，由於中國的批評界尚在繦褓，社會也要對於青年批評家給以愛護，「我們不可忽視，在現在供給報紙雜誌賴書報評介為生活的青年中，有極其銳利的批評家的影子了。這是萌芽，絕對地需要培養」（〈青年批評家的培養〉見《文學評論》第一卷第一期，1934年8月）。

　　世上的事有時很複雜，感情關係有時與真理並不同步。從這個人嘴裏說出的一句話可以接受，從另一個人嘴裏說出來可能就逆耳不中聽；某件事情自己親近的人做出渾然不覺，站在對立立場的人做出就無法容忍。巴金反對隨感式的批評在理論上沒有錯誤，但在特定的編

輯環境中再加上作法上欠溝通，就顯得不夠穩妥而傷害了長之先生的自尊心。雖然長之先生為自己朋友的文章指責巴金先生違反編委會程式，也自有合理之處，在當時卻醸成了兩人的矛盾。

不久，巴金先生說批評文章「被人用去包花生米和鹹菜去了」的論調招來了攻擊。攻擊者大抵是筆名，由於有隔閡，巴金先生便疑心是長之先生所為。尤其是這時《北平晨報》的編輯瞿冰森也用筆名來了一篇，巴金先生忍不住去《晨報》編輯部質問到底是誰寫的，瞿冰森不敢承認是自己，只說決不是我而已，更加重了巴金先生疑長之先生所為之心。因為長之先生在這之前主編過《北平晨報》前夜副刊，與《北平晨報》聯繫比較密切，於是巴金的朋友如周輔成先生等也就用化名攻擊長之先生。這就是鄭振鐸先生向朱自清先生所敘這一事件的過程，也是長之先生在《魯迅批判》序中所說：「可是這餘波繼續地擴張下去，到現在還沒有完」的背景。

由於很難合作了，長之先生憤而脫離了編委會。《文學季刊》創刊號的再版本從封底刪去編委會成員和特約撰稿人的名單，從第二期始，不再在封面上列署本期撰稿人名單，這可能是一個重要原因吧。

四

長之先生退出《文學季刊》編委會，對於《文學季刊》產生了一些負面的影響，書報評論欄目失去了組稿人和重要的撰稿人，立即冷清起來。如果我們將《文學季刊》的書報評論的欄目從創刊號以降比較一下，變化是非常明顯的：創刊號的書報評論共有7篇，第二期10篇，第三期2篇，第四期 4篇，這4篇的內容與欄目甚至有些牛頭不

對馬嘴：一篇是〈傀儡戲小史〉，一篇是〈介紹莎士比亞〉，一篇是〈英美雜誌論文〉，再有一篇是〈元明以來雜劇總錄〉，除去〈英美雜誌論文〉稍稍像點書報評論的模樣，其他三篇從題目看就與書報批評有距離，而它們實際是從「論文」的欄目生生抽取過來湊數的。《文學季刊》最後一期的「書報副刊」則乾脆被取消了；另外詩歌部分，也發生了明顯的變化，首先是數量減少，其次是詩歌欄目中林庚的作品不見了。估計長之先生的退出，對於他的好友林庚先生也產生了影響；與此同時，《文學季刊》中小說刊載的比重大大增加，這種變化直接導致《文學季刊》由初始時的綜合型的理論批評與創作並重的刊物，變成了以創作——小說——為主的刊物。這種變化雖然不完全起因於長之先生的退出編委會，但編委會的人事變動不能不說是其中的重要原因。

長之先生退出《文學季刊》編委會，鄭振鐸和朱自清先生都是以長輩和朋友的身份看待這件事的，因此長之先生和鄭振鐸及編輯委員會的其他成員都保持著友誼。長之先生後來創辦《文學評論》時，鄭振鐸先生參加了編委會，並在《文學評論》僅出的兩期上連續發表〈紳士和流氓〉、〈文人的面目〉，長之先生把它們都排在頭版頭條，個中意味頗為深長。

參加《文學季刊》編委會的一段經歷對長之與巴金先生的關係而言，是一件不幸的事。這件事情對於長之和巴金先生的關係造成了一些影響，從此兩人產生了隔膜，雖然抗戰期間長之先生在《時與潮文藝》的〈書評副刊〉上評論過巴金先生的《憩園》，稱「巴金先生的小說有點像朵斯退益夫斯基。因為：第一，他們同樣有著一顆同情而

苦痛著的心；第二，他們同樣偏重於寫人們的心靈，而不太像托爾斯泰那樣著力於寫人物的外表。」「中國現代小説中，在大部分是寫實主義的之外，巴金之理想主義的色彩，可説幾乎是唯一的人。這都是我們應該予以重視處」（《時與潮文藝》〈書評副刊〉4卷3期第9號，1944.11.15）。但在現當代作家中，以巴金先生的成就，以長之先生對於現當代重要作家和作品的關注，長之先生理應對巴金先生有更多的評論問世才是。但在一段時間裏，長之先生確實缺乏評論巴金先生的興趣，其原因不在於巴金先生的作品不值得批評，而在於批評家和創作家相互缺乏批評的信任。作為一個創作家，巴金先生失去長之先生的批評，無礙於其偉大；作為一個批評家，長之先生失去了巴金先生的友誼，卻無疑是一件遺憾的事。

　　一般來説，當兩個人因誤會而隔膜時，受傷害較大的，往往是弱勢的一方。就當時的巴金和長之先生而言，當然談不上誰是優勢的一方，誰是弱

參加1949年全國文代會期間的鄭振鐸和巴金先生。左四 鄭振鐸，左六 巴金

巴金《憩園》初版時的書影

勢的一方。但由於巴金先生掌握著《文學季刊》發排的權利，長之先生自然只有退出的份了。長之先生受到的傷害，不在於離開編輯部，而在於疏離了巴金及與巴金先生交好的一部分作家，使得長之先生在一段時間裏與之缺乏聯繫交往，失去了切磋交流的機會，巴金先生畢竟是有影響而且有代表性的作家呵。而更大的傷害則是，此時長之先生正在構思現代的作家論，準備「就中國幾個在青年的印象上頂深的作家，——加以批評起來」。「首先寫出的，乃是一篇關於茅盾的文章，而關於茅盾的那篇文章，卻頗使我掃興，原先是在我對於《文學季刊》還有興致時動筆的，可草就的時候，就逢巧巴金先生自發表了批評文字可以包花生米的論調以後，便妄測我在報上有文字攻擊他了，終日疑神疑鬼，並唆使他的一群神經過敏而又熱誠的朋友們來以明槍暗箭相壓迫了」。「我不能腆然地委屈我的人格，所以我就把稿件追回來了。對於《文學季刊》也索性躲開。後來因為《現代》雜誌索稿，便寄往《現代》了。剛要登，雜誌是倒了，又據說我的稿子被扣，真假不知道，總之，是三問兩問，越發渺茫了。」「因為這，我懶得寫類似的文章，同時，作家論的調子已經太濫，而且大抵是有作用的，照了我對熱鬧往往是遠離的原則，就把興趣移往別處了」（李長之《魯迅批判》序，上海北新書局出版，1936年）。與巴金先生的矛盾，使得長之先生的現代作家論的寫作計畫受到挫折，論茅盾的文章沒有了蹤影，他的《魯迅批判》的寫作也延後了一年。後來事過境遷，現代作家的評論實際上只完成了《魯迅批判》一種。不能說長之先生的《魯迅批判》就寫得多麼好，但它是中國現當代文學批評史上的第一部批評魯迅的專著，也是第一部系統的作家論，如果長之先生

能夠沿著這個軌跡，繼續完成他的寫作計畫，使我們能同時擁有《茅盾批判》、《巴金批判》、《老舍批判》、《郭沫若批判》等等，那該是多麼好的一件事呵！

作為批評家，長之先生是客觀而理智的，他對於巴金先生的文學成就及在現當代中國文學史上的地位的評價相當高，在文革中他對女兒李書說：「巴金的《家》是很值得好好看的，有的時候，一個真正作家的作品能深刻反映時代的需求和特點，巴金的《家》就是這樣的」。即使是對於在《文學季刊》中與巴金先生的衝突，長之先生後來在回憶時也頗為悵然地說：「我雖然不再怪巴金，但巴金是否釋然，是還不一定的。」

巴金《家》的各種中外版本

一日心期千劫在

——李長之與啟功

在中國人的辭彙中，有所謂「生前友好」的話，解釋起來，定義大概是指活著時候的朋友。因為按正常的理解，朋友是雙向的，死後既然一方不存在了，友誼當然也就無從說起了。所以，「生前友好」，順理成章的一種悲觀的理解，是在生前存續著友誼的朋友。也就是說，生前雙方盡著朋友之責，隨著死者的已矣，朋友就風流雲散，朋友的義務也就結束。當然，在中國的文化傳統中也有《今古奇觀》中的所謂「死友」，是生死之交。它的含義是，一方面，雙方可以為朋友去死，其友誼可以生死以之。另一方面，是這種友情並不因對方的死去而終止，活著的人繼續為已死的朋友盡責盡誼。

李長之先生是文學批評家，他的好朋友幾乎都是由於文學批評，由於長之先生批評其作品而認識的，比如，宗白華、梁實秋、老舍等等，有一個例外，那就是啟功先生。

啟功先生雖然與長之先生同為北京師範

啟功先生

原北京師範大學文學院在
石駙馬大街的舊址

原輔仁大學主樓舊址

大學中文系古典文學教研室的同事，但他們相識較晚，可能是上個世紀五十年代才晤面的。原來啟功先生最早是以書畫家聞名的，早先在輔仁大學中文系當教師，1952年輔仁大學合併到北京師範大學後，啟功和長之先生才同在中文系的古典文學教研室相識相認。據朱鼎民先生回憶，那時在古典文學教研室裏，「文學史和作品選是分頭並進的兩門課程，教文學史的就有了譚先生和李長之先生，教作品選的有劉盼遂、王汝弼、啟功等先生，還請了文懷沙等兼職教師」（祝鼎民〈懷念譚丕模師〉，見《文學史家譚丕模》，北京師範大學出版社1999年出版）。長之先生和啟功先生雖然相識日短，境遇卻極其相似，頗有些「相逢何必曾相識，同是天涯淪落人」的味道。原來「1952年前後在教育戰線上搞得轟轟烈烈的運動是院系調整和向蘇聯學習」，「唯蘇聯馬首是瞻，蘇聯怎麼走，我們也怎麼走」（啟功《啟功口述歷史》，北京師範大學出版社，2005年出版）。再加上當時高校的極左思潮氾

濫，長之先生和啟功先生在古典文學教
研室的處境都極其尷尬荒唐。

且看長之先生的處境：

啟功先生撰寫的《啟功口述歷史》書影

「有一位教授，雖不是黨員，比
黨員還黨員，成了當時的『理論大
師』。他現淘換一些馬列主義的辭彙
標籤到處唬人，也想找隻老虎來打。
他的學問是很有功底的，也深通義理
之學，把中國的傳統義理偷換成馬列
主義概念，對他來說並不費事。他專
剋李長之先生。李長之先生曾留學德
國，學習現代哲學，這便於給他扣上
資產階級的帽子；李先生文筆又特別
快，可以一夜寫出近萬字的論文，而
且筆帶感情，這更容易讓人挑毛病。
所以這位教授就死看（平聲）上李長
之先生了。更不幸的是，那時學蘇
聯，還特別盛行互相聽課，教研組要
定期組織觀摩課，聽完以後要講評。
所謂講評，那時更多是批判。在這位
教授看來，李長之先生怎麼講怎麼
錯。李長之從這方面講，他就從那方
面上綱；下次李長之吸取教訓從那方

面講，他又從這方面上綱。比如這次從總體上提出一些觀點，他批判你不懂得馬列主義具體問題要具體分析的原則；下次你具體分析了某些現象，他又批判你不講馬列主義的普遍原理。總是反著給你挑出一大堆毛病，還都冠冕堂皇的，弄得李長之無所適從，開口就錯，再有才華，也只好甘拜下風。有時我們覺得李長之講得並不錯，但在馬列主義的陣勢下，也不敢為他分辯。」

啟功先生的處境也好不了哪去：

「在這種體制下我是有力使不出來。」「當時的文學史課屬於理論性很強的課，因為它牽扯到唯物史觀和唯心史觀的大是大非的問題，一定要由馬列主義理論水平高的人來主講，像我這樣被『公認』為不懂馬列的人是不配講這門課的，只能當配角。出於這樣的原則，當時由譚丕謨先生擔任文學史的主講，因為他是老黨員、老革命，也正因為此，才特意把他調來擔任教研室主任的，我只能配合他講點作品選。所以他上課我都要聽，並且詳細地做筆記。他在課上強調誰的那句是符合馬列革命性、人民性的，不管我心裏怎麼想，我在講相關作品時，也照這方面去發揮，這樣保險啊。」

在人生的旅途中，一般而言，人們對於友情的渴望莫過於艱難和失意之時了。春風得意時，人們未必能夠惺惺相惜，但落難時分大凡很容易同病相憐，相濡以沫。儘管在這之前啟功先生和長之先生並不是很熟悉，但周遭的環境漸漸使他們接近起來。

如果注意到長之先生這一時期出版的古典專著的話，就會發現一個與以前所出版的古典專著不同的現象，那就是它們不再是光禿禿的純文本而是有著插圖了，比如《李白》的書前插有南宋畫家梁楷畫的

李白圖，《陶淵明傳論》的書前插有著方薰摹宋何秘監畫陶靖節先生小像，《孔子的故事》中附著聖跡圖，這些插圖出現的原因如果推測起來，估計當然可能是多方面的，比如建國後出版事業的發展，出版社的編輯可能提出了插圖的要求；比如長之先生本來就是一個對於美術作品很感興趣的美學專家，在出版社的要求下在書前自行置放一些插圖可能是出自於一種愛好等等。但其中未嘗可能沒有啟功先生隱隱的身影在，因為在此之前長之先生的專著中沒有任何插圖，而在粉碎四人幫後，當長之先生準備再版他的《中國文學史略稿》，打算附加插圖的時候首先求助的就是啟功先生。

　　1956年，九三學社和其他民主黨派一樣大量吸收成員，長之先生加入了九三學社。　啟功先生參加得較早，是在1952年參加的。當時的古典文學教研室裏只有長之先生和啟功先生是九三學社社員。

　　長之先生和啟功先生年紀相若，長之先生生於1910年，啟功先生生於1912年，當時都在古典文學教研室從事古典文學的教學，但是兩人的性情和愛好差距頗大。長之先生雖然畢生都在從事古典文學的研究和教學，但骨子裏其實更熱愛的是他的批評事業，他曾坦言更希望別人稱他是個批評家，「如果有人稱我為批評家，我聽了最舒服，比稱我什麼都好」（《為專業的批評家呼籲》，《北京日報》，1957年5月9日）。啟功先生也另有所好，那就是書畫創作和文物鑒定。長之先生熱情浪漫，風骨在外，遇事便發，訴之於文字洋洋灑灑，口無遮攔，倡言「為批評而批評」，在歷次運動中屢受批判卻本性難移。在反右鬥爭前寫《尊重與批評》、《為專業的批評家呼籲》、《欣聞百家爭鳴》、《牆》等文章，終於被新舊老賬一起算，在1958年被劃為右派

啟功先生在1947年所畫的水佩風裳圖

啟功先生和陳垣先生在一起

分子。啟功先生溫良恭儉，風骨內斂，很少臧否人物，寄之於書畫詩詞的風格也秀雅溫潤。雖然他也是在1958年被劃成右派的，但並非北京師範大學所劃，而是拜賜於中國畫院的「稀裏糊塗」，頗有些傳奇的味道。據啟功先生說，由於他和葉恭綽先生交好，引起了當時美術界的一位實力人物的嫉恨，藉口啟功先生稱讚過畫家徐燕蓀的畫有個性風格，並引用了「春色滿園關不住，一枝紅杏出牆來」的詩句以形容這一派畫風在新時代有新的希望，於是被誣為不滿當時的大好形勢，意欲脫離黨的領導，大搞個人主義。硬性劃為當然的右派（啟功《啟功口述歷史》，北京師範大學出版社，2005年出版）。

二

被打成右派後，長之先生和啟功先生被剝奪了教學和寫作的權利，然而都在頑強地繼續研究他們所深愛著的祖國文化。

啟功先生在1962年完成並發表了

《古代字體論稿》。這部著作通過大量
的文獻記載的字體名稱和實物互相印
證，對古代字形字體方面存在的問題，
進行了深入地探索和論述，成為後來研
究古代字體的專家學者必讀之書。隨後
啟功先生又對古典詩詞散曲韻文散文各
種文體的聲調律法進行了探索，撰寫了
《詩文聲律論稿》。

　　長之先生在這期間動筆寫的東西
也很多。他打算修改他在上個世紀三十
年代寫的《魯迅批判》；修改他在四十
年代寫的《司馬遷之人格與風格》；打
算繼續把他的《中國文學史略稿》寫
完；他寫過《李清照的劇本》，尤其
是，他打算寫一部關於杜甫的評傳。
早在三十年代，長之先生曾發願將他
喜愛的中國古代五個大詩人（屈原、陶
淵明、李白、杜甫、李商隱）的傳記批評
寫出。他寫了屈原、陶淵明、李白的傳
記批評、寫了李商隱的論綱，唯獨沒有
動筆寫過杜甫。從1958年的年初開始，
他陸續搜集了杜甫的有關資料，制定了
寫作計畫。1959年3月，長之先生在閱

啟功先生和家人在一起：從左至右，啟功先
生，夫人章寶琛，母親克連珍及姑母恒季華

啟功先生著《古代字體論稿》書影

啟功先生為長之先生補寫的《杜詩鏡銓》書影

讀收藏的《杜詩鏡詮》時發現第十三卷缺了第二十九頁，即缺〈聽楊氏歌〉、〈宿江邊閣〉、〈西閣雨望〉等詩。在和啟功先生聊天時無意中談起。哪知言者無心，聽者有意，沒有幾天，啟功先生笑眯眯地造訪，說「長之先生，你看我給你帶來了什麼？」說著，便拿出抄寫好的《杜詩鏡詮》第十三卷第二十九頁來，還連連說「抄得不好，續續貂，你看著不般配就把它扔了」。長之先生非常感動，那是從《杜詩鏡詮》同治十一年八月望三益齋重刻本照著原樣摹寫下來的，雖然仍然可以看出是啟功先生的筆體，但是重刻本中的圈點，雙行小字，應有盡有，唯妙唯肖。長之先生說：「你從哪找的《杜詩鏡詮》同治十一年八月重刻本啊？隨便一說，你怎麼就認真了」。啟功先生神秘的說：「從哪找的，咱先甭說，現在畢竟是完璧了呀。」

　　不久爆發了文化大革命，長之先生和啟功先生都以右派之身更深地陷入了被批鬥的深淵。

　　在勞改隊裏。兩個人接觸得更多了。也是在這時，啟功先生聽到長之先生嘴裏念叨的最多的話就是「我那個病孩子不知怎樣了」。原來，長之先生有三個孩子，大女兒叫李詩，當時在對外經貿學院讀書；小兒子叫李禮，正讀小學，後來在郊區插隊；而中間的這個女兒叫李書，剛上初中，愛好文學，與長之先生氣質最為相近而體弱多病，14歲時患有罕見的尿崩症，其時在山西的陽高縣農村插隊。長之先生多次對牛棚中的難友說：「我這一生中最放心不下的就是這個病孩子了。」

　　「文化大革命」後期，長之先生和啟功先生的境遇漸次得到改善。長之先生和啟功先生在古典文學教研室裏參與編著《中國散文選》、《紅樓夢注釋》、修訂《新華字典》，經常在一起「奇文共欣賞，疑義相與析」。粉碎「四人幫」後，師大恢復招生，長之先生和啟功先生成為第一批研究生班的導師。啟功先生賦詩言志：「粉碎四人幫，日月當頭換。政策解倒懸，科學歸實踐。長征踏新途，四化爭貢獻」。長之先生興奮地說：「我只有重整我的專業，沒完成的，完成它，已經完成的修改好，為祖國的建設增添一磚一瓦，或者權當我的幾聲吶喊和歡呼，以鳴盛世吧」。長之先生首先想要做的就是把《中國文學史略稿》續寫完整。為了適應新的閱讀的需要，長之先生決定再版時加進一些圖片。比如，長之先生認為，過去對於秦的文化估計不足，新近出土的兵馬俑補充了對於秦文化的認識，應該加進兵馬俑的圖片；晚近出土的馬王堆漢墓的帛畫對於認識漢代的文化有很重要的意義，等等。這些圖片的獲得很多來源於啟功先生的幫助。有的圖片是啟功先生提供了線索，有的圖片是啟功先生複製後送來的，

為此，長之先生特意在《中國文學史略稿‧再版題記》中向啟功先生表示深摯的謝意。

1978年，中共中央提出落實知識份子政策，撥亂反正，長之和啟功先生的右派問題正式得到了平反。長之先生給校內的同事打的第一個電話就是給啟功先生的。兩個老朋友在電話中心情激動，互通電話，爭相把這一消息傳給對方。

也是在這個時候，長之先生在文化大革命中被造反派搶佔的房子退還回來，長之先生的一家居住環境恢復了正常。啟功先生趕來祝賀，那時正是春末夏初，西單武功衛長之先生住的庭院裡高大的臭椿樹濃蔭初起，淡藍色的二月蘭遍地盛開，散發出淡淡的香氣，長之先生坐在籐椅裏愜意地看著剛剛三個多月的小外孫玩耍。啟功先生詢問：「叫什麼名字啊？」長之先生說：「叫于勃，王勃的勃。」啟功先生會意地笑著說：「勃勃，好呵，撥亂反正啊。」

但是，長之先生在1978年的10月摔倒，繼而得了肺炎，很快就被病魔奪去了他飽經苦難的生命。

長之先生和啟功先生在北京師範大學共事的經歷有很長一個時間段落相同：在院系調整之後受輕視受排擠，在1957年「反右鬥爭」和「文化大革命」中更是受盡打擊和屈辱。所以啟功先生曾調侃說「長之先生雖原籍山東利津，但從小久居北京，和我有絕大的相近關係，後來又有同『派』之雅，如果模擬科舉習稱，我們相呼『同年』，又有何不可呢！」（〈我所尊重的李長之先生（代序）〉，《李長之文集》，河北教育出版社，2007年出版）

但是，長之先生和啟功先生的際遇也有迥然之處：長之先生的人

生顯然是把悲劇演到了盡頭，雖然他臨終趕上看見改革開放的曙光，卻不幸猝然去世。「萬里傷心嚴譴日，百年垂死中興時」，悲哉斯言。而啟功先生在晚年則躬逢盛世，生命幸運地在改革開放的進行中盡情地放射出燦爛的光芒。

　　長之先生去世後，啟功先生始終關心著長之先生的一家。長之先生的二女兒李書的夫君于天池是「文革」以後北京師範大學中文系第一屆古典文學研究生班的學生，經常去啟功先生那裏問學。每次去，啟功先生都非常關心地詢問「你的岳母身體怎樣呵？」「內弟如何呵？」「李書身體還好麼？」有的時候李書和他一起去，啟功先生更是問長問短，氣氛熱烈。每當這個時候，啟功先生的侄子和侄媳婦往往也加入談話的行列。

三

　　長之先生去世不久，西單武功衛的住所由於城市建設的原因拆遷，長之先生的二女兒李書便隨著于天池搬到師大

啟功先生和內侄章景懷和鄭喆夫婦

啟功先生和李書、于天池在一起

李長之和他的朋友們

啟功先生為李書寫的推薦信手稿

校內研究生宿舍暫時居住，這時啟功先生也從原來的住所小乘巷搬到師大來，見面的機會多了起來。

有一次，李書在西單路口湊巧碰上啟功先生。啟功先生關切地詢問起她最近的身體狀況，「怎麼樣了？病好些了沒有？」啟功先生問寒問暖，深切地關懷讓李書倍感溫暖，眼睛立刻噙著淚花。啟功先生又問「最近還寫些什麼文學作品嗎？」當李書說最近為《大百科全書》撰寫了一些曲藝的條目，又寫了一篇回憶爸爸的文章在《北京文學》上發表後，啟功先生立刻說：「你把它們都拿來給我看看，再把最近寫的文章的目錄也抄一份給我。」原來，李書由於身體原因在1972年從插隊的山西病退回北京後一直在一個街道工廠工作，雖然身體羸弱，但由於父親的歷史問題，廠裏給她安排到又髒又累的車間從事重體力勞動。她開衝壓機床，每日機聲隆隆，搬動著沉重的東西。有了孩子的拖累，每天回到家中筋疲力盡，話也不想說，只想躺著，童年時患下的尿崩症更

加嚴重了。第二天下班回來後，李書拿
著自己的文章去拜訪了啟功先生， 啟
功先生看後高興地説：「文章寫得挺
好，我來想辦法，我也正希望你能從事
文字工作呢。」

　　大約過了一個星期左右，一天中
午，于天池正在睡午覺，啟功先生派一
個學生送來一封急信，信封是寫在別
人給啟功先生的信封上的，信的大意
是：「李書稿已交九三牟小東同志，將
由他與足下聯繫。不知近數日有無消
息？我告訴他向中文系辦公室通話，
但找你不易。望將尊址（亦即通訊處）
詳細告我。」當時剛剛改革開放，學校
內電話尚未普及，所以啟功先生有此憂
慮。很快，李書接到了九三學社聯繫面
試的通知，經過嚴格考試，被九三學社
錄用，後一直從事文字工作。牟小東先
生當時是九三學社宣傳部門的負責人，
他後來和李書談到了此事，説「啟功先
生和我們説，他的一個好朋友的女兒身
體很差，在街道工廠幹重體力活，看看
就沒命了。但文筆很好，搞文字工作可

啟功先生為李書重新安排工作所寫的書函

以勝任，可以發揮特長，問我們能夠不能夠幫忙。」「你考試成績不錯，但在體制、調人程式等方面我們是費了很大的氣力才把你要過來的」。這件事情在大陸人事制度改革的今天，可能算不了什麼，但在當日，李書的工作安排，因為既有工人身份轉成幹部的問題，又有所謂集體所有制轉成國家所有制的問題，頗費周折，其中啟功先生所費的心血周折，所盡的努力可以想而知之。

李書在九三學社的工作一直得到了啟功先生的大力支持和幫助。有一段時間，李書負責《九三學社社訊》工作，那只是一個機關的內部刊物，很少有社會名流投稿，但啟功先生多次為《九三學社社訊》寫稿子，其中未嘗沒有含著支持李書工作的原因在。

李書的夫君于天池研究生畢業後留校任教，有一次分得了新房，啟功先生知道後特意用紅色的灑金宣紙題寫了條幅送給李書，他對李書說：「中國人在意房子，講究安居樂業，有了自己的住處，這是可喜可賀的事情啊。」那條幅寫的是「鷙翎金深姑，燕尾輔整弧。獨立揚新令，千鬟共一呼」。

長之先生去世走得太突然，沒有來得及整理出版自己的文集。上個世紀的九十年代，家屬開始籌畫此事而艱難備嘗。首先是搜集的困難。長之先生歷經運動，未出版的文稿在文化大革命中被抄被毀，損失殆盡，赫然尚存的是高有尺厚的積年的檢討和認罪書。殘存的其他片紙隻字都是二女兒李書在劫餘的地上撿拾收存的。已經出版的專著，家中也殘缺不全。由於缺乏必要而完備的檢索工具，長之先生的大量的論文的搜尋線索竟然是依靠著檢討和認罪書來完成的。當時長之先生的論文數量是一個未知數，搜尋起來如同大海撈針。有不少論

文只知題目，不知發表的刊物名稱和年
代，只能在雜誌報紙中靠著最原始的辦
法逐篇翻檢。這一任務理所當然地落在
了李書和她的夫君身上。因為工作很繁
重，當時任北京師範大學圖書館館長的
于天池萌生了辭去館長職務的念頭。他
去徵求啟功先生的意見。啟功先生對他
說：「你要慎重考慮，這既有利害的權
衡，又有時機的考量。辭去職務，當然
時間多了些，可是搜集的困難也大了
些。你在館長的位置上，可能對搜集長
之先生的作品更有利些」。後來搜集資
料的過程，證明啟功先生的意見非常有
預見性。因為在當時的條件下，離開圖
書館的有力支持，這個任務幾乎根本難
以完成。

啟功先生在北京師範大學圖書館舉辦
專家諮詢講座，左邊為于天池

　　當相關資料整理得差不多的時候，
出版的問題又擺到了眼前。按理說，長
之先生的作品既有學術性，又有可讀
性，會擁有廣大的讀者的。但是由於各
種各樣的原因，與幾家出版社聯繫都碰
了壁，連長之先生供職數十年的母校出
版社也都拒絕出版。啟功先生對於此

事很著急，多次向李書表示，他可以拿出錢來自費出版。但是長之先生的家屬怎麼好意思讓啟功先生作這件事情呢。在這個過程中，中文系教現當代文學的教授王德寬先生把李長之文集向河北教育出版社推薦，得到了肯定的答覆。從此，出版長之先生文集的事情總算有了頭緒。那是在1997年的春天。但好事多磨，由於河北教育出版社領導幾經換人，出版李長之文集的事情也就反反覆覆，一拖再拖，一直拖了八九個年頭。在這個過程中，啟功先生一直密切關注著這件事情，只要一見到李書和于天池的面就加以詢問，其殷殷之情真是恍如昨日。

啟功先生晚年患有眼底黃斑病，看字模糊不清，讀寫都需要放大鏡來協助，一般不再寫字了，有一次他開玩笑地說：「祖師爺不賞飯吃了」。視力模糊，對於一般的人來說就很痛苦，而對於以視力進行創作的文學藝術家而言，其難以言狀的痛苦更是可以想像。後來啟功先生想把自己一生的經歷寫下來，由於視力的原因，不能寫了，便改為口述，讓自己的侄子章景懷和學生趙仁圭代筆，這就是一般人所熟知的《啟功口述歷史》。《啟功口述歷史》出版於2004年，可見那時啟功先生已經不能或很少執筆寫字了。儘管啟功先生連寫自己的著作都不再用筆了，可是一聽說長之先生的文集的出版有了明確的時日，高興得不得了。當知道李書希望他為長之先生的文集題籤和寫序言時，啟功先生慨然拿起了筆。──不能用毛筆書寫了，便用硬筆題籤；前後寫了兩次。並且寫了幾千字的〈序言〉──〈我所尊重的李長之先生（代序）〉。〈我所尊重的李長之先生（代序）〉追憶了他和長之先生在北京師範大學古典文學教研室共事的經過，緬懷了長之先生多才藝而艱難的一生，情真意切，催人淚下。從序言的筆跡有時寫

得出了行，從微顫而頑強的字跡裏，我們可以看出啟功先生書寫時的艱難，也仿佛看到他為老友文集得以出版時內心的激動。

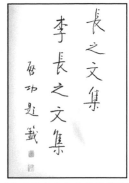

啟功先生為李長之文集所寫的題簽

啟功先生的題簽寫於2004年。長之先生的文集又幾經曲折最後出書，是在2007年的4月份了，距離啟功先生逝世過去了二年，距離啟功先生的題簽過去了四年。當書籍的樣書寄來，李書和她的夫君帶著書籍放到了啟功先生生前的居室畫像前，燃香行禮，禁不住流下了熱淚。

啟啟功先生所寫的
〈我所尊重的李長之先生〉手稿

2007年由河北教育出版社出版的《李長之文集》書影

李長之先生與女兒李書在一起

艱難苦恨繁雙鬢

——相守在爸爸最後的日子裏

沒有什麼能比等了又等，盼了又盼，多少個春夏秋冬始終在翹首以待的願望終於實現了更令人激動、感奮的了。

有的夢，也許永遠不能成為現實，只能是心中的理想——像爸爸，對中國文學史苦心孤詣研究了一輩子，在他還不到35歲時發表的一篇短文中，他熱切坦陳：「……在我的生活中，寫作是最快樂的了。……半生的希望是：假如再給我三四十年的時間與健康，我將寫一部像樣的文學史。……希望精，……希望深入。」為了這個夢，他窮盡了一生之力。他寫這篇短文時是1945年，戰亂、遷徙、漂泊流離，使他無法靜下心來從事寫作；好不容易盼來了解放，新中國成立，可以揮毫落紙如雲煙的時間沒多久，沒完沒了的運動對他的衝擊一個接一個，使他依然不能在文壇上躍馬馳騁；在艱難倍嘗，熬到出現了歷史的轉機，國泰民安，有了條件可以著書立說了，卻心力交瘁，別說是健康沒有

了，就連生命也失去了！爸爸生性熱情，愛交遊，他常常自豪地聊起他的大的，小的，老的，少的朋友們，戲說「談笑皆鴻儒，往來無白丁」，他和我講過許多「和朋友在一起，痛苦可以減一半，快樂能夠增一倍」的經歷。這不僅可以從他的談吐裏，也可以從他寫的文章、辦的刊物中想見高朋滿座的熱鬧。但是在爸爸40多歲時被打成右派後直到他晚年，門可羅雀。他呢，則一直都在盼著，想和朋友再見一見，然而，直到生命的最後一天，他的夢在不盡的期待中破滅了，都沒有實現！──他的夢成了遙遠的，只能封存在心底的理想。

有的夢，雖然可以變為現實，而且當它已經成為現實時，卻還以為是在做夢──像我，面對盼望，嚮往久矣的又凝聚了多少人的心願的《李長之文集》的問世，竟不敢相信：這是真的！想起爸爸，就會回首起「文革」那蠻荒瘋狂時代的歲月，紅衛兵把爸爸押解回家時對爸爸又推又搡，又叫又罵，忘不了在我的記憶中時時交叉疊印著的紅衛兵的暴戾恣睢，和爸爸晃動著那像蓬草一樣灰白頭髮，不肯屈服的頭的情景。爸爸脖子上掛著倒寫的他的名字並在其上打著大紅叉子的牌子，院子裏、屋子裏一片狼藉，待他們押著爸爸又裹挾著塵煙揚長而去後，我也不知為什麼，我蹲在地上，細心而又耐心的撿起被野蠻胡亂擲了一地、被踢來踩去的爸爸的一本本書和一頁頁手稿，又一點點擺放好。雖然對於還是個十幾歲孩子的我來說不能知道這是一場全民族的災難，不能知道天塌地陷要有多久，也不能理解被紅衛兵押解著的爸爸在目睹這一暴行時所感受到的恥辱、悲憤和痛苦，但我知道，那些書不管是他著述的，還是他購置的，甚至那些僅有隻言片字的紙片，都是爸爸心血的積澱、結晶，是他生命的一部分！這或許是

出自血脈相承愛爸爸之所愛的本能，或許是來自冥冥之中怎樣也割捨不斷的聯繫，我把紙片、書本撿起來，——成為今天的文集能夠得以出版的第一步。後來，在和爸爸最後的日子裏，特別是在爸爸去世後20多年的日子裏，可以説，是在翻檢、整理爸爸的文稿的過程中，我才真正走近了爸爸，讀懂了、理解了我的爸爸，朦朧的夢的輪廓也漸漸清晰起來。——爸爸的文章、書一定會從厚重的歷史塵封中出來和大家見面。

春秋輪回，歲月嬗變。這個夢，藏在我心裏有二十多年。很長時間我不敢説出來，怕會被人視作天方夜譚，視作白日做夢，是囈語！然而，這個夢，支撐了我的生命，給了我巨大的力量和激勵；這個夢，寸步不離的跟著我，在我人生最艱難的歲月裏，就像爸爸溫暖的手在拉著我，一道前行。我知道，這個夢，也許很遙遠，但我會為之努力，為爸爸，為所有關心他，懷念他的人，圓我們心中共同的夢！後來，許多認識的人，不認識的人陸陸續續都加入到這個努力的隊伍行列中來了，像爸爸的老朋友啟功伯伯，多少年來始終在關心著爸爸書的出版，他甚至想用自己的錢為爸爸先出一本書。在他90歲高齡，且講學、著述各種事物繁忙非凡又患有眼疾的情況下，為文集親筆寫了序，題了書簽；像爸爸的老學友、爸爸的學生們，及學生的學生，出國也不忘幫我們尋覓有關線索；像我的媽媽、姐姐、弟弟，傾其多年珍藏；像我們不認識的全國各地圖書館的朋友們，紛紛幫助查詢、複製、提供資料；像河北教育出版社的編輯同志，頂著各種壓力為書籍的出版所做的大量的工作，……。這一切，給予我以極大的鼓舞和力量，讓我銘諸肺腑，永誌不忘。今天，面對著爸爸身後鉛字疊

起的紀念碑——經我和夫君于天池親手整理、編輯的約略六七百萬字的九輯《李長之文集》，我想説，儘管努力，但我們的才、學、識遠不及爸爸，或者説，根本不可同日而語；文集的面世，仍有那麼多的遺憾，因為假若爸爸能活到今天，以他的功力會編輯得更好。《李長之文集》的出版，蘊蓄了太多的滄桑，以至我不知怎樣下筆寫出爸爸人生背後的歷史……。睹物思人，理不清頭緒，辨不出是悲還是喜，想哭，想笑，想大喊一聲：爸爸——！萬端的感慨波濤洶湧般衝撞心頭，久久，久久不能平息，實非筆墨所能為之，亦遠非一篇文字所足道其萬一。

歲月悠悠，思念綿綿。和爸爸在一起的日子，每一件小事，每一個印著爸爸走過的足跡的地方，都成了我心中美麗、温馨、親切的呼喚和懷戀。我們的家曾在繁華、熱鬧的市中心西城區西單武功衛胡同，一住就是二十幾年。儘管爸爸在北京數十年，無論是上學，還是工作，住過好幾個地方，但西單武功衛這條胡同和爸爸生活、後半生命運聯繫得最為緊密。如今這條比美國歷史還久遠的胡同，在日新月異的城市建設中，已不復存在。這裏，陸續建起的商廈鱗次櫛比，熙熙攘攘的人群川流不息。但是無論時代怎樣躍遷，商潮怎樣湧動，它並沒有因時空的轉換而漸漸模糊離我遠去，反而在我心中積澱、融合，它留給我的鮮活的影像越來越凸現在記憶的深處。西單武功衛讓我得到太多太多刻骨銘心的體驗和感受，給了我永生難忘的經歷和啟蒙，它讓我魂繞夢牽，從這裏我懂得了爸爸、懂得了父愛。

1978年的冬天，12月13日，我的最愛——爸爸的生命走到了終點，他齎志故去了，終年68歲。而這一年正是充滿了春的氣息，讓

他看到希望，感受到曙光的一年。如果説1976年的10月粉碎「四人幫」，噩夢般的全民族的災難終於結束了，大地重光，萬物復蘇，給人們帶來了普天同慶的喜悦的話，那麼，1977年至1978年社會上到處流傳著的煙臺會議要給右派改正的消息，則給人們帶來的是延伸了的更光亮更振奮的前景。爸爸重又銜起了煙斗。

1978年的I、2月間，春寒料峭，爸爸已經完成了對他的《中國文學史略稿》第二卷、第三卷的再一次校對和修訂，並完成了為《中國文學史略稿》再版所作〈新版題記〉，伴隨著他高效率工作的就是那隻被爸爸戲之為「邱吉爾式」的煙斗。家裏還生著爐火，他穿著媽媽給他縫製的棉襖，裏面套著我按照他的「藍圖」設計編織的「邱吉爾式」毛衣，一寫就是好幾個鐘頭。爸爸很喜歡那個有著碩大而又充滿智慧的頭顱的二戰中的名將邱吉爾，欣賞這位前英國首相的卓越的軍事指揮才能、富有號召性的激動人心的演説與文學天賦，以及他那翩翩紳士風度。他經常給我們講邱吉爾的故事。那件「邱吉爾式」毛衣，是從不講究衣著的爸爸對我唯一一次的技術要求。邱吉爾穿的毛衣什麼樣呵？沒見過呀，只聽憑爸爸連説帶比劃，織成開身、斜插兜。爸爸穿上它，很滿意，很神氣，很快樂，加上那只煙斗，很「邱吉爾式」，神采奕奕地。他一拿起煙斗，我們便誰也不去打擾他了，因為他要寫作了。爸爸一直是才思敏捷，下筆如神，倚馬可待的，當煙霧繚繞的時候，常常是一篇文章也隨之誕生了。我們和媽媽力勸他戒煙，甚至藏起他的煙斗，可他總會變魔術似地找出來又叼在嘴上，專注地在想，在寫，衣服上時有被煙灰燒的洞洞。有一段時間，他不吸煙了，甚至也不用「金睛火眼」去偵查藏起的煙斗，他沉默了。問

他，他說：「我不再吸煙了，因為生命的意義沒有了！」，應了「最大的哀戚莫過於心死」的那句老話。在1978年2月由爸爸口述，我和我的先生天池筆錄的他的《中國文學史略稿》「新版題記」中曾有這段心情的記錄——「……『四害』未除以前，妖氣迷霧，籠罩大地，胡言亂語，充斥報刊，百廢待舉，令人氣沮，這時我也心灰意冷，真想把學術工作放棄了。看了那些令人哭笑不得的黑文，再看看那文化專制主義的氣焰，只好報以無言的抗議——沉默。我寧自不說話，如果當不能說真話的時候。……」爸爸重拿起了煙斗，意味著爸爸抖擻精神，要開始新的征程了。他滿懷激情，發自肺腑地說：「『四人幫』被粉碎以後不同了，像大地回春，像久雨放晴，每人都是歡暢的，開朗的，我也經歷了第三次從心裏愉快的時刻，第一次是日本投降，第二次是全國解放……。我怎樣才不辜負這個偉大的時代呢？我只有重整我的專業，沒完成的，完成它，已完成的修改好，為祖國的建設增添一磚一瓦，或者權當我的幾聲吶喊和歡呼，以鳴盛世吧！……。」「臨了，我還要重複說一句：本書是在我極其愉快的心情下動筆的，耳旁彷彿凱歌不斷，我彷彿置身於全國面向實現四個現代化，為實現一個現代化社會主義強大祖國的豪邁步伐中，而跟同前進，前進……。」這時的爸爸煥發著青春，笑容展現在臉上。我們也不再藏他的煙斗和煙灰缸。

　　3月，春光融融，我的兒子出世了，全家人都很高興。他就像春天的花朵，伴著春的快樂，隨著春天一同到來，我們狹窄的小屋雖然潮濕、陰暗、破舊，卻盎然著春天的生機，沁發出春天的芳菲。在這個小寶寶還沒降臨人間之前，就已有了一個響亮且寓意深長的名字，

那是爸爸早就起好了的。爸爸說，「無論是男孩還是女孩，父姓後都叫勃，朝氣蓬勃的勃，生機勃勃的勃。」那一段時間，茶餘飯後，爸爸和我們聊的最多的就是他在那兩年參與修訂《新華字典》工作的感受和收穫。爸爸對我說：「在《新華字典》的一萬多個字中，我最喜歡『勃』字，蓬勃，生機盎然，充滿朝氣。我們的小家、我們的國家都要像這春天一樣，朝氣蓬勃，才有希望。唐朝初期詩壇上號稱『四傑』的王、楊、盧、駱，王，叫王勃，才華橫溢，很小就會寫詩；西漢時，劉邦手下有一員大將叫周勃，為人正派，他痛恨呂后一夥兒為非作歹，禍國殃民，和陳平一起推翻了呂氏政權，實現了漢高祖生前殺白馬盟誓的願望。他們名字最後一個字都是勃。我希望我們教育出來的孩子，能文能武，有一身過硬的本領；人，不管從事什麼行業，首先是要正直，有一種精神，富貴不淫、貧賤不移、威武不屈的崇高氣節，要有社會責任感，教育孩子從小就要愛自己的祖國，將來長大為祖國建功立業！」爸爸的話，我沒齒不忘，多少年來一直是我做人、做母親教育孩子的準則。

爸爸全身心地投入在修訂《新華字典》這項工作中，儘管他的身體狀況越來越糟。對於一個正常人來說，到圖書館翻閱書本、查詢資料，提筆編卡片、做劄記、修改文稿諸如此類的事情可能算不了什麼，然而對於被嚴重類風濕關節炎折磨得手、腳僵直變形，又被長期擯斥在「人民隊伍」之外的爸爸來說，其艱難困厄非常人所能想像。爸爸參與《新華字典》修訂工作，非常投入，他忘了一切不愉快，他高興自己對社會還有用，哪怕一分；他在意別人對他的信任，哪怕一點。他把這項工作視作推動祖國的文化事業必不可少的重要一環，而

他在其中為之努力，在發揮作用。

　　為了做好修改工作，爸爸一遍遍地讀《新華字典》，每天拖著「戴罪之身」去擠公共汽車，後來拄起了拐杖，奔波往返於西單武功衛和北京師範大學之間，無論颱風下雨，無論酷暑寒冬。有時冰天雪地，路面非常滑，爸爸擠不上車，就步行去上班，又一步步走回家，我們幫他洗腳時，看見他那畸形的腳被磨得血肉模糊，連襪子也脫不下來！問他，他卻笑著對我們說：「我把這看做是萬里長征的第一步，我不願後退。」沒有誰聽見過爸爸的抱怨，他也從不向任何人提起。我看見爸爸做了那麼多的卡片、寫了那麼厚的筆記。針對有些字和詞注釋不確切、不完全、前後不一致、漏落等情況，爸爸提出了自己的意見。比如「總結」一詞，爸爸提出：「只注作『把一段工作的過程和成功或失敗的經驗教訓分析出來，再歸納出原則性的結論，作為下一段工作的參考』，這是現代一般的用法，但『總結』也有用來作為文章結論的意思，這是本來的意思，應該放在前頭，這樣就完全了。」比如「質量」一詞，他認為在物理學中和在普通口語中用法不同，應該分別標出才妥當。他還談到可借鑒使用德國字典中用齒輪代表工業、用花朵代表植物學，既形象又生動的例證。他對那時的《新華字典》所收錄的一萬多個字，從字音、字形到釋義、例證，包括我國歷史朝代西元對照簡表、計量單位簡表、節氣表、元素週期表等等，一個個字、一個個詞、一句句話地反反覆覆核查、推敲、補充、修改，不厭其煩。我覺得爸爸都成了活字典了，對《新華字典》裏的字，他如數家珍。說他對許多字詞釋義、例證倒背如流，一點都不誇張。

　　這一年3月18日召開的全國科學大會，給了爸爸特別大的鼓舞，

尤其是報紙上發表的郭沫若在大會上作〈科學的春天〉的報告和鄧小平的講話，被爸爸劃了重重的紅鉛筆道以示重要。他反覆地閱讀，真有「冬天過去，春天還會遠嗎？」的感覺。他向我們念叨：春天要來了，春天因充滿了生機而那麼美好，那麼令人嚮往。

5月，春風和煦，陽光明媚。這個月的11日《光明日報》發表了特約評論員文章〈實踐是檢驗真理的唯一標準〉，猶如一聲春雷，發聾振聵。無形的羅網似要被衝破，人心大振，暖流湧動的政治氣候使「被打入另冊」的爸爸感到了歡欣，他覺得自己的脈搏也在隨時代一起激烈地跳動。這時有編輯來家找爸爸，後又有約稿信不斷寄來，爸爸極其感奮。爸爸深知留給他的時間不多了，他要為這等了多少年的終於露出的曙光一展宏圖，獻出他的才智。5月23日，他親筆覆函致正在籌備創刊的《新文學史料》編輯部，針對他們想做的在今天愈顯迫切的「搶救資料」工作，爸爸在信中說「……這工作很有意義，很願支持，我本來有寫回憶錄的打算，只是要看時間及健康條件如何耳。……」信尾，爸爸還注上，「通訊：西單武功衛11號　師大宿舍」。曹操的「老驥伏櫪，志在千里」的詩句和含義就是那時候爸爸給我講的。我們還一起背誦當代詩人郭小川的名句「……總有一天，我會衰老，老態龍鍾；但願我的心，還像入伍時候那樣年青。」

我永遠也忘不了，6月2日在老舍先生骨灰安放儀式前一天，爸爸佝僂著身子，伏在家中僅有的那張折疊小飯桌上縱筆揮書的背影。他在寫《憶老舍》，他的肩、背都在顫抖，只見他熱淚滾滾，久久不能自已。寫完後又長時間地坐在那裏，任憑淚水在那刻滿滄桑的臉上滾淌。我想他一定在凝望日思夜想夢中的朋友的笑臉，動亂不已的歲

月逝去了，好朋友也逝去了，盼著、想著、希冀著，然而，萬沒想到的是以這種方式相見，以筆墨遙寄懷戀。也許是在想有的朋友近在咫尺，卻恍若天涯，「顧自以為身殘處穢，動而見尤，欲益反損，是以獨鬱悒而與誰語……。」

6月3日，爸爸到八寶山革命公墓參加老舍先生骨灰安放儀式，是弟弟背著他去的。工作人員看到他們，馬上迎過來，懇請爸爸到前面去，說那兒有黨政要人，他搖頭；希望他到大休息室，他搖頭；他向工作人員提出：我只有一個願望，我想見家屬、見孩子們。當他和老舍夫人胡絜青的手緊緊地握在一起的時候，涕泗滂沱，說不出一句話。在場的人無不為之動容，一片歔欷。至今我還珍藏著一張老舍先生的女兒舒濟姐姐送給我的新華社記者拍攝的爸爸和舒伯母胡絜青先生緊緊握著手的照片。這是爸爸被打成「右派」後第一次，也是有生之年最後一次公開參加社會活動。

由於嚴重的類風濕關節炎，爸爸的手、腳完全變了形，步履維艱，拿筆就更困難了，睽別已久的讀者可以從刊物上看到他的〈憶老舍〉，卻不能知道、也無法想像他是在怎樣一種境況下寫出的他對朋友的不盡思念和懷想。〈憶老舍〉字跡雖不苟，有的卻難以辨認，為了紀念老舍先生，爸爸讓我將這篇文章重抄一遍，再給舒伯母送去。他沒有見到，也不能知道，在1979年出版的1978年創刊號上發表了他的這一篇浸滿了淚，飽含著真摯情感的文章，這是自爸爸的名字、著作從文壇上銷聲匿跡二十多年後公開發表的第一篇文章。

記得上個世紀50年代中期，我們家搬到西單武功衛師大宿舍這個大院時，院落整齊、乾淨，幾道門，院子一個套著一個，那時我還

不懂這叫四合院,是一座明末清初大官僚的私邸。我們住在一個有假山、山上有小亭子的小院子裏,院子裏還種著海棠、丁香、榆樹好些樹,美得像個精巧的小花園。夏秋季,樹影婆娑,院子裏開滿了各色小花。我和我的小夥伴經常一起在院中做作業,玩跳房子、跳皮筋、捉迷藏,還排過舞蹈、話劇《寶船》什麼的。納涼時,和弟弟坐在小板凳上聽爸爸講故事,爸爸講天上的北斗星,講牛郎會織女,講魯智深倒拔垂楊柳,揮著醋缽大的拳頭怒打鎮關西,聽得我們是那般神往,咯咯地笑個不停……。60年代中期「文革」大革文化的命,浩劫中爸爸成了「牛鬼蛇神」,新賬舊賬罪加好幾等,被批鬥,被勞改去掃廁所倒垃圾,受盡屈辱。家,被抄了;造反派又強行霸佔了我們的住房,好多東西被砸,被毀,被這些氣勢洶洶的人扔到了屋外。最重要的莫過於那些被爸爸視作生命的書,有些書是戰亂時爸爸冒著生命危險,等日寇飛機走後從彈坑裏撿回來的,可以說是以命換來的,卻就這樣毀於一旦!原來五間房子的東西堆積在兩間房子裏,空間驟然縮小,我和弟弟只好將書架摞書架捆綁起來,頂至房頂。爸爸的書一部分在書架子上,在書箱子裏,一部分則堆在了地上和床底下。爸爸寫作時的大寫字臺被拆了,豎在了牆角。屋子過道窄得只能容一個人,還得側身而過。後來,爸爸從學校專政勞改隊回了家,也曾給校領導、校房產部門寫過信,結果當然是石沉大海。爸爸的信,有的是我抄寫的。他不止一次悲涼地說:「我為住房如此,腿腳如彼,不能生活、無法工作浩歎,浩歎呀!」他的拐杖戳在地上咚咚響。

　　1978年的下半年,北京師範大學校黨委的人來了,他們來看望爸爸。來的人中有一位是早在30年代就參加革命的校黨委書記,剛從

秦城監獄被解放出來，他不顧自己一身病痛，光找我們家就連續找了三次！前兩次都被警惕性很高的革命群眾或是「小腳偵緝隊」給擋住了、圍住了，甚至有人告訴他們，這裏沒有叫李長之的，以至他們困惑了：難道真如群眾所説「李長之根本不住在這裏」？萬萬沒想到的是，就是在這種情況下，他們還是來了！他們不再乘小汽車，而是微服私訪，改乘公共汽車，然後走進這條胡同，第三次踏進這個大院，終於找到了住在大院犄角旮旯兒的一處破舊潮濕、地基已下沉、門都關不上的房子裏的我們！我看到當他們緊緊握著起臥、轉身、回頭都已很艱難的爸爸的瘦骨嶙峋的手，説：「李先生，我們來看您來了。我們來晚了，您受罪了！」的時候，爸爸搖著頭，老淚縱橫。我和回北京探親的姐姐也哭成了一團。隨同校黨委一起來的系領導看了住房情景説：「這不光是不能工作，而且是根本無法生活呀！」這一聲久違了的「先生」的稱呼，對爸爸就像是甘霖滴灑滋潤在久旱的田上，讓爸爸五內鼎沸。爸爸在那麼長的時間裏被千夫所指，在眾口鑠金、積毀銷骨的處境中，似破鼓萬人捶，在屈辱中苟且偷生，有誰叫過他一聲先生？一聲老師？從來都是在人們指名道姓的侮辱、批判、戳戳點點、鄙夷和不屑的臉色、眼神中度日。「李先生」，這一聲對爸爸來説是多麼親切啊！ 爸爸説：「人是有尊嚴的，『文革』不把人當人，感到最受污辱的就是讓人失去尊嚴。」爸爸在多舛坎坷境遇中始終沒有低下高貴的頭，他的精神始終是昂揚向上的。這一次看望給了爸爸巨大的安慰和溫暖，使得爸爸的心情格外舒坦，使得他的精神非常振奮，他躊躇滿懷，充滿了希望，他認為這下子可以幹事情了——可以重新提筆著書立説了。

　　日後不久，學校黨組織做出了迅速改善我們的住房和爸爸的工作條件的決定，和爸爸商議選派誰來做他的助手，派人給爸爸送來藥，派車送爸爸去醫院看病，並聯繫好大夫……。他們還對我們說，現有一種從鯨的身體上提煉出的某種成份研製成的液體藥物能治類風濕關節炎，學校通過關係可以購置一些藥來給爸爸治一治。爸爸很高興，立刻同意試試看，校醫院的一名護士便按時來給爸爸注射。爸爸太希望有個健康的身體了，太希望仍能像以前那樣寫作，一夜就能寫萬字的輝煌還會再有嗎？（要知道，那時沒有電腦呀！而爸爸確實有過讓朋友們瞠目的一夜可寫萬字的輝煌的呀！）他充滿期待！校領導徵詢爸爸對住房在哪裡（是在原地？還是搬到北師大去）解決的意見，爸爸說：我願意在原地解決。事後我問爸爸：現在有機會了，何不離開傷心之地？爸爸對我說：「我要收復失地！雪恥屈辱。我希望活得有尊嚴。現在是黨讓我有一種『中國人民從此站起來了』的感覺。」

　　7月流火，8月溽暑，時光很快就過去了，在秋陽杲杲的日子裏，北師大校黨委以一種無畏的氣魄，頂住壓力，衝破重重阻力，經過一番苦戰，實現了爸爸所願──收復了失地。我們感到揚眉吐氣，挺起了胸膛。雖然原來家中的雕樑畫棟還存在，但典雅古樸的銅吊燈已不知去向；庭院早先的美景也不復存在，院中的假山被造反派拆卸，做了他自家小房的臺階；「深挖洞，廣積糧，備戰備荒」時的防空洞從我們住房下面通過，挖出來的土一直堆在早被「破四舊」扒掉的亭子那裏，野花、野草亂生亂長……，但這種種的不盡人意都被尊重人才、尊重知識、知識份子重又受到重視的歡欣鼓舞所代替了。

　　9月，家中用爸爸補發的工資添置了一台21寸的日立牌彩電。爸

爸每天都要端坐在椅子上收看晚間新聞節目。有一次爸爸和我們一起看電視臺播放的電影《五朵金花》。爸爸的心情是那麼愉快，邊看邊議論，我很吹牛地對爸爸說：「這『五朵金花』裏的插曲我都會唱，事隔多年也沒忘。印象之深全來自您帶我們去影院第一次看這部電影的時候。在山西插隊我們在地裏幹活兒，休息時我還扯開嗓門兒給老鄉唱過呢。爸，我給您學一個。」爸爸高興地說：「好啊，好啊。」我模仿起男女聲對唱的「大理三月好風光哎，蝴蝶泉邊好梳妝，蝴蝶飛來採花蜜，阿妹梳頭為哪樁?……」「……哎，蝴蝶泉水清又清，丟個石頭試水深，有心摘花怕有刺，徘徊心不定啊咿喲……」爸爸點著頭說：「我喜歡聽，好聽。」在爸爸的欣賞、鼓勵下，我便很得意地唱了一首又一首。爸爸慈愛的笑容至今留在我記憶深處，這是我給爸爸唱歌唱得最多的一次，想不到的竟也是最後一次。

在恢復了空間的寬敞住房裏，在我和弟弟重又給爸爸支起的大寫字臺上，爸爸有序地擺開了戰場：有各種參考書籍、筆記、卡片、計畫，有一摞摞準備修訂的、要完成的手稿，有紙、有墨、有鉛筆、圓珠筆、鋼筆、毛筆，煙灰缸也擺在了寫字臺上，當然還少不了邱吉爾式煙斗。爸爸為報國有門而振奮、欣喜，他進入了一種洋溢著激情的創作良好態勢。爸爸告訴我：「我的那些有關文學史的手稿都在我的綠色講義夾裏，這些都不是一天寫的，我始終在研究祖國的文學，一切都為了今天哪！」他深知今天來之不易，他珍惜今天，可是這時好不容易有了今天的爸爸，卻再也無法像從前那樣一天就可以寫一萬八千多字，連在沒有恢復住房前的一天寫一千字也達不到了，因為他的病情發展了，而且好像不可逆轉。爸爸一談到這些，還用「好漢

不提當年勇」來自嘲。他走起路來，一步一步挪著、蹭著，跟跟蹌蹌
地。我們好不容易把他攙扶到椅子上，半天坐不下去，如果要起來，
又半天起不來。許多人勸他去看病，可他不肯去醫院，覺得耽誤時間
又費精力。他不止一次對我講，也曾多次對那些關心他的朋友、同事
講：「我的腿不聽使喚啦，隨它去吧。我失去腿，我不遺憾，我還有
腦子可以工作，我還有手可以寫……」。爸爸頑強地寫，不停地寫，
最後他給自己規定一天寫五百字。我曾看見爸爸生自己的氣，恨自己
力不從心。我也曾看見爸爸幾次為自己的手，在今天這樣的大好時光
裏不能完成他的寫作計畫，不能報答黨給他的這一點陽光、一點溫
暖、一點關懷而嚎啕大哭，老淚橫流！ 我哭著對爸爸說：「爸爸，我
真不理解您那麼愛國，結果如何？您那麼崇拜德國古典哲學、文學、
音樂，那麼嚮往赴德留學，而且已經辦好一切手續可以留學了，可是
在國難當頭的1937年，為了不承認滿洲國，您寧可放棄留學；1949年
您又有機會離開，幹嗎卻偏留在大陸？ 您愛國、堅信共產黨，結果卻
是一身的病，還受到這樣的折磨、這樣的待遇，早知如此，何必當初
呢！ 這不公平！」而爸爸卻對我和弟弟說：「你們沒有經歷過舊社
會，特別是國民黨最後要離開大陸前，政治腐敗黑暗，物價飛漲，生
活沒有保障，我們這些知識份子把中國發展希望寄託在共產黨身上，
寄託在中國實行社會主義上面。我們始終盼著國家獨立、日益強大起
來。新中國的誕生，讓我們感到希望。要相信黨，相信群眾，這是兩
條原則，不管遇到什麼，對這一點我不動搖。」我相信這是他的心裏
話，多少年後的今天，我仍然相信這是他的肺腑之言，是他對自己人
生無怨無悔的選擇，是爸爸坦蕩、磊落胸懷的真情吐露。爸爸是學哲

學的，且生性優蹇反俗，他從50年代到70年代末他直到生命即要離他而去的最後，嚴霜烈日都經過，屢遭拂逆而處之泊如，他的精神沒有被摧毀、打垮，他不改常度，毫無怨尤。可是，他的身體並沒有能和精神同步承受住折磨，多年的翻手為雲、覆手為雨的政治運動，覆盆之冤給予他身心的重創，特別是株連九族對他所摯愛的骨肉所蒙受的恥辱，血淋淋地鞭打著他，不斷吞噬著他，待到自己做了父母我才更加體會到爸爸的心有多痛！

　　我非常慚愧，在爸爸活著的時候，我不懂我的爸爸，在爸爸離開我們後的二十多年中，我才開始點點滴滴讀爸爸的作品，包括他的「認罪書」、「檢查」，我才覺得我走近了爸爸，特別是在明白了他何以有如此的坎坷遭遇，他的理想和追求後，我才懂了我的爸爸，才理解了我的爸爸，雖然是遲到的理解，雖然這理解過程是這麼地慢又這麼地長！

　　爸爸的身體每況愈下，他拿筆的手越來越不聽大腦指揮，淚水順著他蒼老的面頰大滴大滴地滾落在他的衣襟上、稿紙上。他很痛苦，扔下筆，仰天吟誦起：「前不見古人，後不見來者。念天地之悠悠，獨愴然而涕下。」至今我還深深記得，他和我談及他的感受時他的面容是那樣悽楚，語調是那樣悲辛。爸爸是堅強的，他並不洩氣，仍在不懈努力著，與生命、與時間，如同生死時速般爭奪著，拼搏著。爸爸的手有時實在握不住筆了，不，不是握，是用右手的三個指頭夾著筆，手累了，就歇一會兒再接著寫，他頑強地寫著。他告訴我：不怕慢，只怕站。

　　休息時，爸爸和我聊起我們都非常熟悉，並都很喜愛的作家作品，我們談起海明威的《老人與海》，重溫老人在海上和狂濤駭浪、

食人鯊魚進行著驚心動魄的殊死搏鬥的故事，談論《老人與海》何以能獲諾貝爾文學獎，爸爸非常欣賞作品完美地體現出的人「可以被消滅，但不能被打敗」的那種崇高、偉大的精神以及小說所體現出來的在人生的戰場上那種堅韌不拔、萬難不屈的人格力量。我們談起列寧逝世前還在讓人給他唸傑克‧倫敦的《熱愛生命》，我們為那個被同伴拋棄的又癱又拐的病漢穿過人煙罕至的草原，單槍匹馬同始終跟著他的疾病、饑餓，還有始終跟著他的狼展開決一死戰，最後終於到達目的地而發出會心地微笑，我們由衷地讚歎作者對意志的創造力的深刻理解。我們聊起前不久我去看的老電影《李時珍》，那是中國作協寄給爸爸的電影票，爸爸讓我去看的，我們談論著令人心碎的特寫鏡頭：蠻橫的小道士把李時珍一直隨身攜帶的書稿搶過來信手丟到山澗，李時珍多年行醫總結出來的準備補充修訂《本草綱目》的文稿，就這樣隨著嘩嘩的急流進了萬丈深潭，多少年的心血付之東流，李時珍痛苦地掩面而泣；他重新打頭再幹起來，又一個多少年，李時珍的頭髮全白了；李家全家都在緊張地勞作著，有寫的，有謄錄的，有對照採摘來的植物、昆蟲標本繪圖的，有裝訂紙張的，李時珍案頭的《本草綱目》的紙本越擺越高；有書坊商來，希望李時珍把對方士的處方批註即所謂不敬的地方刪改一下，就可刻印出版，而李時珍拒絕了！面對著擁進房來的眾鄉鄰，他朗朗地說：「別難受，我的書是不會刻不出來的！……大家要的東西，它就一定會流傳！ 我想，這個日子已經不遠了！」李時珍逝世後，一本又一本，幾十本、幾百本不同版式的《本草綱目》在民間廣泛流傳，普及影響於世界許多國家。這些鏡頭直到今天仍完整地印在腦際，仍能引起我強烈共鳴，當時我和

爸爸閒聊，聊到最後，我們已是淚水漣漣。我想到爸爸的多舛人生，想到這與李時珍及《本草綱目》的遭遇，何其相似乃耳！我對爸爸說：「咱們也全家總動員，有寫的，有抄的，就像李時珍的家那樣，老少齊動手，把書寫出來。我就恨自己懂得太少了，在學習上太不刻苦了！」爸爸說：「你現在開始學，還不晚。」我點著頭，爸爸接著說：「我的信條始終是：工作，既經開始，就要貫徹到底。只要我的手還能拿住筆，哪怕一天寫一頁，一天寫一百字，我天天寫，你們也幫我寫，我沒有喪失信心，書，是一定可以寫出來的！」我不能知道爸爸的生命已快走到盡頭，他是在用那「硬漢」人物鼓勵自己頑強地活下去，以一種不可摧的意志與命運抗爭到底，更萬萬沒想到的是，這竟是我們父女生死訣別的話語。

　　我不能想像這是爸爸的最後歲月，爸爸和我們依然談笑風生，他的精神矍鑠，神態安詳、飄逸，他用「朝如青絲暮如雪」感歎人生之短暫，又指著自己的白髮，以「艱難苦恨繁雙鬢」調侃他的風燭殘年；他詠誦「萬里悲秋常作客，百年多病獨登臺」作了自己晚年總結；他用「死別已吞聲，生別常惻惻。……故人入我夢，明我長相憶」，「李白乘舟將欲行，忽聞岸上踏歌聲。桃花潭水深千尺，不及汪倫送我情」表達對朋友的記掛、思念，他盼著再見朋友的容貌，再聽見朋友的聲音……。我感到爸爸衰老了，不僅是鬍子、頭髮全白了，而是在他訴說著這些話背後的痛楚，令人鼻子發酸。

　　人的生命真如同春發、夏繁、秋肅、冬凋。秋，本來該是金黃的，是收穫的季節，這該是老祖先倉頡造字的本意。然而，揮之不去的愁，好像又多發生在蕭殺的深秋。「悲秋」是中國古代詩文的一個

母題，爸爸這個有著詩人般氣質的人，也以其自身生命歷程不知是巧合還是從另一側面印證了並承襲了中國自古詩歌這個源遠流長的傳統，真乃「秋日淒淒，百卉俱腓」。鬱積在戰亂頻仍人命危殆的動盪之世「悲回風之搖蕙兮，心冤結而內傷」，一直伴隨到爸爸生命的最後一年。而這一年的這個時候，中共十一屆三中全會召開在即，歷史發生了重大轉機，在一個充滿了希望的時代，在一個歡欣鼓舞的氛圍中，在已看見黎明，在曙光之後更瑰麗的明天離得越來越近的時候，爸爸卻病倒了。

11月中旬，在爸爸68周歲生日後的第18天，爸爸就像一座山轟然倒下了。他住進了北京第三醫院。爸爸躺在病床上，身上插滿了管子，我覺得爸爸那麼瘦弱，那麼痛苦，那麼無助，那麼孤單。系裏的研究生們，他們是「文革」結束恢復高考後的第一批研究生，還有其他師生排了班，輪流守護在爸爸床前。他的學生、朋友、同事來看他，但他什麼也不能說了，靠點滴、鼻飼，維繫著生命。有個也是滿頭銀髮的老朋友趕來了，推開病房的門，一看見爸爸這個樣子，泣不成聲，哽咽著一步步挪著不靈便的腿腳挪到了爸爸的病床前，拉著爸爸的手，一句話也講不出來……，只是久久地久久地坐在爸爸病床前。

我趴在爸爸病床的椅子上一筆一劃地抄著電影《五朵金花》的插曲，因為爸爸喜歡聽我唱《五朵金花》插曲，那次我還沒唱全。這回是我特意向別人借來了歌本，我要都抄下來，等爸爸病好回家我要唱給爸爸聽。我知道爸爸愛我們，他愛家、戀家，想回家，「眾鳥欣有託，吾亦愛吾廬」。我不相信他再不能回家。因為那次爸爸住在宣武醫院，他就跟大夫說，我想回家，果真沒多久就回了家。因為家中那

大寫字臺上鋪著他的稿紙，那稿紙上的字墨蹟還未乾：「一部文學史總是以一種民族語言為基礎的文學史。……凡是文學的好作品，總是以其所用民族語言的優點的體現而號稱的，……」 稿紙旁邊還攤著《中國美學史》、《文學史是一門科學》、《文學史通論》、《中國文藝科學史》的計畫和提綱，那本上、書上、稿紙上的手跡，雖然許多字歪歪扭扭，但寫得都是那樣認真，那樣不苟，它們都還在等待著主人的歸來！ 我在焦急地等著、盼著爸爸醒來，好回家去。

然而，在爸爸昏迷了26天後，那是1978年的冬天，雪壓冰封，朔風尖嘯，12月13日，雖經大夫多方搶救，爸爸，我親愛的爸爸還是齎志而歿。似天旋地轉，似晴天霹靂，我眼睜睜地看著生命離開了爸爸，我多麼想用自己的生命延續爸爸的生命！爸爸的眼睛睜著，爸爸的手依然保持著他生前握筆的姿勢！我不能相信爸爸就這樣離開了我們。等我回家安頓媽媽以後，又返回了醫院，爸爸躺過的病床空了，周圍的儀器都搬走了，我瘋了一樣地問：「我爸呢? 我爸呢？」我跑到太平間，發狂地拍打著鐵門，求師傅開門，「我要進去，找我爸，我要看我爸爸……」看門師傅眼圈紅了，扶著我勸慰著我。我進了太平間，走過一個個鐵匣子，沒有一絲恐懼和害怕。我看見爸爸了，他躺在冰冷的鐵匣子裏，他睜著雙眼，好像知道我會來看他、陪他，「爸——」我撲在他的身上，「爸，咱回家吧。……」

人們常說，「眼睛是心靈的窗戶」。自爸爸去世直到今天，28年過去了，28年來，我始終無法忘卻定格在我腦海深處的爸爸那雙至死不肯閉上的眼睛。那是怎樣的一雙渴望生命的眼睛！我能明白那裏面的內涵，我能知道爸爸對我們、對人世是多麼眷戀，而人生卻是如此

短暫，生命是如此脆弱。爸爸就這樣帶著終身傷痛、終身遺憾走遠，走遠了！

再見爸爸，是1978年12月25日在八寶山革命公墓禮堂舉行的追悼會上，他生前非常想念的朋友來了好多。這些老朋友大部分從遠處趕來，不少人已是手持拐杖的古稀之人，大家唏噓不已，哭聲伴著低沈的哀樂，爸爸與朋友終於相聚了，却是以這種形式。也有好多爸爸想見的朋友，終未能見上一面，像海峽對岸，異國他鄉的朋友，像還沒有走出乍暖還寒氛圍的朋友。中華全國文學藝術界聯合會、中國社會科學院、中國作家協會、北京市文聯等單位送了花圈。文藝界和學術界知名人士、爸爸生前友好，北師大中文系師生參加了追悼會。

再見爸爸，是在無數次的夢裏，和爸爸在西單武功衛師大宿舍的大院裏，在一起講天上地上的故事，暢談古今中外，一起模仿侯寶林相聲，一起吟詩作詩，在一起笑·在一起哭；夢見爸爸在孤燈下讀書的身影。書與他為伴，唯有書能夠「饑讀之以當肉，寒讀之以當裘，孤寂而讀之以當友朋，幽憂而讀之以當金石琴瑟也」；夢見我又在給爸爸唱歌……走近了爸爸，瞭解了爸爸，我為我有這樣一個爸爸而自豪！從爸爸的心路歷程上，我開始瞭解愛，瞭解情感，瞭解寬容，瞭解堅強，開始瞭解人性中真善美的種種品質，瞭解了什麼是人格魅力，什麼是大寫的人。面對今天雷射排版的數以百萬字的《李長之文集》，不由地熱淚潸潸，淚眼迷離，腦海裏不由地疊印著交融著電影《李時珍》片尾的鏡頭：一本本一摞摞的書、不同版式的書，印著李長之名字的書出版了，耳畔響起李時珍朗朗的聲音「大家要的東西一定會流傳……」。看，多少年過去了，爸爸離開我們已經28年，

然而人們並沒有把爸爸忘記，關注、研究他的著作及他的學術思想的人也越來越多。香港、臺灣、日本都有他不同年代不同版本的著述，美國國會圖書館館藏有《道教徒的詩人李白及其痛苦》、《司馬遷之人格與風格》、《孔子的故事》等爸爸的著作，和那本在爸爸辭世20周年時1998年出版的，我給爸爸作序的《李長之批評文集》……。這一切，雖然爸爸都不能知道，因為他沒有能等來親眼看到這一切的今天，但我相信，爸爸九泉有知，對今天的來臨，他一定是無比地欣喜和慰藉。爸爸可以瞑目了。

李　書

——寫在《李長之文集》即將出版圓夢之際

2007年2月再修訂

後記

　　在本書寫作的過程中，臺灣作家蔡登山先生來訪，並帶來了九十多歲高齡的徐芳先生保存的上個世紀三十年代李長之先生給她的信的複印件，捧讀之餘，真是感慨萬端。我們沒有想到六七十年之後，歷經戰亂流離，遠隔千山萬水，長之先生的好朋友依然保存著他的信函，這是何等的真摯情誼！我們遙祝徐芳先生健康長壽，長之先生如果泉下有知，亦當拈髯欣慰吧。

　　根據蔡登山先生的提議，本書附上了一些圖片，或者可以幫助讀者更感性地遙想長之先生和他的朋友們的風采儀容，這些圖片大都是從當代的文集畫冊中搜尋選取的，謹在此自編者致謝，我們更是要十分感謝蔡登山先生的熱忱幫助，他的好意使得本書得以在臺灣出版。

　　　　　　　　　　　　　　　于天池　李書

《李長之和他的朋友們》照片來源

第三章　李長之與宗白華照片

第四章　李長之與朱自清照片

6—7	梁文薔《我的父親梁實秋》，三聯《生活週刊》，2007年3期
6—8	作者家藏
6—9	作者家藏
6—10，11	梁文薔《我的父親梁實秋》，三聯《生活週刊》，2007年3期
6—12	《老舍》北京燕山出版社，1997年出版，136頁。
6—13	梁文薔《我的父親梁實秋》，三聯《生活週刊》，2007年3期
6—14	作者家藏
6—15	作者家藏

第七章 李長之與巴金照片

7—1	靳以《靳以選集》，四川人民出版社，1983年出版，書前插頁。
7—2，3	鄭振鐸《鄭振鐸文集》，人民文學出版社，1985年出版，書前插頁。
7—4	作者家藏
7—5，6	彭小花《巴金的知與真》，東方出版社，2006年出版，186頁。
7—7，8	作者家藏
7—9	作者家藏
7—10	蔡德貴《季羨林寫真》，當代中國出版社，2006年出版，113頁。
7—11，12	丁玲《丁玲文集》，湖南人民出版社，1982年出版，書前插頁。
7—13，14	作者家藏
7—15	鄭振鐸《鄭振鐸全集》，花山文藝出版社，1998年出版，書前插頁。
7—16	作者家藏
7—17	彭小花《巴金的知與真》，東方出版社，2006年出版，110頁。

第八章 李長之與啟功照片

| 8—1 | 啟功《啟功口述歷史》北京師範大學出版社，2004年出版，扉頁。 |
| 8—2 | 北京師範大學百年圖志編寫組《北京師範大學百年圖志》，北京師 |

範大學出版社，2002年出版，76頁。

8—3　　　啟功《啟功口述歷史》北京師範大學出版社，2004年出版，91頁。

8—4　　　啟功《啟功口述歷史》北京師範大學出版社，2004年出版，封面。

8—5　　　啟功《啟功口述歷史》北京師範大學出版社，2004年出版，129頁。

8—6　　　啟功《啟功口述歷史》北京師範大學出版社，2004年出版，101頁。

8—7　　　啟功《啟功口述歷史》北京師範大學出版社，2004年出版，147頁。

8—8　　　啟功《啟功口述歷史》北京師範大學出版社，2004年出版，207頁。

8—9　　　作者家藏

8—10　　啟功《啟功口述歷史》北京師範大學出版社，2004年出版，153頁。

8—11　　作者家藏

8—12　　作者家藏

8—13　　作者家藏

8—14　　作者家藏

8—15，16，17 作者家藏

附錄 艱難苦恨繁雙鬢照片

題頭　　　照片作者家藏

世紀映像叢書

世紀映像叢書

國家圖書館出版品預行編目

李長之和他的朋友們 / 于天池、李 書著. -- 一版. --
臺北市：秀威資訊科技, 2007 [民96]
　　面；　公分. -- (史地傳記；PC0014)

ISBN 978-986-6909-59-7（平裝）
1. 李長之 – 傳記

782.886　　　　　　　　　　　　　　　　96006993

史地傳記　PC0014

李長之和他的朋友們

作　　　者 / 于天池、李　書
主　　　編 / 蔡登山
發 行 人 / 宋政坤
執行編輯 / 賴敬暉
圖文排版 / 李孟瑾
封面設計 / 李孟瑾
數位轉譯 / 徐真玉、沈裕閔
圖書銷售 / 林怡君
法律顧問 / 毛國樑　律師
出版印製 / 秀威資訊科技股份有限公司
　　　　　　台北市內湖區瑞光路583巷25號1樓
　　　　　　電話：02-2657-9211　傳真：02-2657-9106
　　　　　　E-mail：service@showwe.com.tw
經 銷 商 / 紅螞蟻圖書有限公司
　　　　　　台北市內湖區舊宗路二段121巷28、32號4樓
　　　　　　電話：02-2795-3656　傳真：02-2795-4100
　　　　　　http://www.e-redant.com

2007年6月　BOD 一版
定價：200元

讀 者 回 函 卡

感謝您購買本書,為提升服務品質,煩請填寫以下問卷,收到您的寶貴意見後,我們會仔細收藏記錄並回贈紀念品,謝謝!

1. 您購買的書名:＿＿＿＿＿＿＿＿＿＿＿＿＿＿＿＿＿

2. 您從何得知本書的消息?

　　□網路書店　□部落格　□資料庫搜尋　□書訊　□電子報　□書店

　　□平面媒體　□ 朋友推薦　□網站推薦 □其他＿＿＿＿＿＿

3. 您對本書的評價:(請填代號　1.非常滿意 2.滿意 3.尚可 4.再改進)

　　封面設計＿＿＿　版面編排＿＿＿　內容＿＿＿　文/譯筆＿＿＿　價格＿＿＿

4. 讀完書後您覺得:

　　□很有收獲　□有收獲　□收獲不多　□沒收獲

5. 您會推薦本書給朋友嗎?

　　□會　□不會,為什麼?＿＿＿＿＿＿＿＿＿＿＿＿＿＿＿＿

6. 其他寶貴的意見:＿＿＿＿＿＿＿＿＿＿＿＿＿＿＿＿＿

　　＿＿＿＿＿＿＿＿＿＿＿＿＿＿＿＿＿＿＿＿＿＿＿＿＿

　　＿＿＿＿＿＿＿＿＿＿＿＿＿＿＿＿＿＿＿＿＿＿＿＿＿

　　＿＿＿＿＿＿＿＿＿＿＿＿＿＿＿＿＿＿＿＿＿＿＿＿＿

讀者基本資料

姓名:＿＿＿＿＿＿＿＿＿　年齡:＿＿＿＿　性別:□女 □男

聯絡電話:＿＿＿＿＿＿＿　E-mail:＿＿＿＿＿＿＿＿＿

地址:＿＿＿＿＿＿＿＿＿＿＿＿＿＿＿＿＿＿＿＿＿＿＿

學歷:□高中(含)以下　　□高中　　□專科學校　　□大學

　　　□研究所(含)以上 □其他＿＿＿＿＿＿＿＿

職業:□製造業 □金融業 □資訊業 □軍警 □傳播業 □自由業

　　　□服務業 □公務員 □教職　 □學生 □其他＿＿＿＿＿

To：114

　台北市內湖區瑞光路 583 巷 25 號 1 樓

　秀威資訊科技股份有限公司　　收

寄件人姓名：

寄件人地址：□□□

秀威與 BOD

BOD（Books On Demand）是數位出版的大趨勢，秀威資訊率先運用 POD 數位印刷設備來生產書籍，並提供作者全程數位出版服務，致使書籍產銷零庫存，知識傳承不絕版，目前已開闢以下書系：

一、BOD 學術著作—專業論述的閱讀延伸
二、BOD 個人著作—分享生命的心路歷程
三、BOD 旅遊著作—個人深度旅遊文學創作
四、BOD 大陸學者—大陸專業學者學術出版
五、POD 獨家經銷—數位產製的代發行書籍

BOD 秀威網路書店：www.showwe.com.tw
政府出版品網路書店：www.govbooks.com.tw

　　永不絕版的故事・自己寫・永不休止的音符・自己唱